KLAUSUREN

Deutsch Oberstufe

STARK

Umschlagbild:
Goethe-Schiller-Denkmal in Weimar. Foto: © Ralph Maats – Fotolia.com

ISBN 978-3-86668-746-2

Inhalt

Vorwort

Hinweise und Tipps

1 Zur Arbeit mit diesem Buch ... 1
2 Anforderungsbereiche und Operatoren ... 2
3 Grundlegende Aufgabentypen in Deutsch-Klausuren ... 5
4 Allgemeine Tipps für das Verfassen einer Klausur ... 19

Übungsklausuren

Aufgabe 1: Interpretation eines Gedichtes
Mascha Kaléko: *Großstadtliebe*
(Zeitrahmen: 90 Min., mit Zusatzaufgabe: 120 Min.) ... 21

Aufgabe 2: Gedichtvergleich
Clemens Brentano: *Nach Sevilla, nach Sevilla*
Joseph von Eichendorff: *Sehnsucht*
(Zeitrahmen: 135 Min.) ... 29

Aufgabe 3: Interpretation einer Dramenszene
Bertolt Brecht: *Leben des Galilei*
(Zeitrahmen: 135 Min.) ... 37

Aufgabe 4: Interpretation einer Dramenszene
Friedrich Schiller: *Maria Stuart*
(Zeitrahmen: 180 Min., ohne Reflexionsaufgabe: 135 Min.) ... 45

Aufgabe 5: Interpretation eines epischen Textes
Ilse Aichinger: *Das Fenster-Theater*
(Zeitrahmen: 135 Min., mit Zusatzaufgabe: 165 Min.) ... 57

Aufgabe 6: Gestaltende Interpretation eines epischen Textes
Max Frisch: *Homo faber. Ein Bericht*
(Zeitrahmen: 225 Min., ohne Einordnungsaufgabe: 180 Min.) ... 66

Aufgabe 7: Analyse eines Sachtextes
Walter Krämer: *Petition: Deutsch ins Grundgesetz*
(Zeitrahmen: 135 Min.) 79

Aufgabe 8: Erörterung eines Sachtextes
Dietrich Schwanitz: *Literarische Bildung*
(Zeitrahmen: 135 Min.) 87

Aufgabe 9: Adressatenbezogenes Schreiben
Matthias Wulff: *Warum zu viel Goethe in der Schule schadet*
(Zeitrahmen: 135 Min., ohne Analyseaufgabe: 75 Min.) 98

Aufgabe 10: Materialgestützter Essay
Thema: *Total mobil – auf dem Weg in eine bewegte Zukunft*
(Zeitrahmen: 180 Min., ohne Abstractsaufgabe: 135 Min.) 108

Aufgabe 11: Materialgestützte Erörterung
Thema: *Chancen und Herausforderungen im Hinblick auf räumliche Mobilität*
(Zeitrahmen: 135 Min.) 122

Aufgabe 12: Literarische Erörterung
Thema: *Die Verführbarkeit des Menschen*
(Zeitrahmen: 135 Min.) 131

Autorinnen und Autoren:
Dr. Reinhold Frigge (Aufgabe 1), Ulrich Patz (Aufgabe 2),
Randolf Olbrich (Aufgabe 3), Florian Andelfinger (Aufgaben 4 und 7),
Dr. Werner Winkler (Aufgabe 5), Dr. Stefan Metzger (Aufgabe 6),
Dr. Anja Fandel (Aufgabe 8), Dr. Peter Peters (Aufgabe 9),
Ralf Heringhaus (Aufgaben 10 und 11), Redaktion (Aufgabe 12)

Vorwort

Liebe Schülerinnen und Schüler,

in der Oberstufe rückt langsam die Abiturprüfung näher – aber keine Sorge: Sie haben genügend Zeit, das Verfassen von Aufsätzen im Fach Deutsch zu üben.

In der Oberstufe schreiben Sie eine Reihe von Klausuren, in denen Sie die im Unterricht erworbenen Kenntnisse und Fähigkeiten anwenden können. Der vorliegende Band unterstützt Sie bei der effektiven Vorbereitung! Er enthält praxisorientierte **Übungsklausuren**, die so von Ihrem Lehrer oder Ihrer Lehrerin gestellt werden könnten, und gibt Ihnen verschiedene Hilfestellungen für das Schreiben guter Aufsätze: Hinweise und Tipps helfen Ihnen bei der Bearbeitung der Aufgabe und ausformulierte **Musteraufsätze** für jede Übungsklausur zeigen Ihnen, wie ein sehr gutes Ergebnis Ihrer Arbeit aussehen könnte. Anhand von **Checklisten** können Sie Ihren eigenen Aufsatz selbstständig bewerten – so können Sie Ihre eigene Leistung besser einschätzen.

Viel Erfolg bei Ihren Klausuren – Sie schaffen das!

Die Autoren und der Verlag

Hinweise und Tipps

1 Zur Arbeit mit diesem Buch

Mit den beispielhaften Oberstufenklausuren dieses Bandes können Sie praxisnah das **Schreiben von erfolgreichen Aufsätzen** üben. Die Klausuren decken **grundlegende Aufgabentypen** ab, die Ihnen im Fach Deutsch begegnen können: literarische Aufgaben, Sachtextanalysen, Erörterungen, aber auch kreative Aufgabenformen wie das adressatenbezogene Schreiben oder das gestaltende Interpretieren.

Um einen bestimmten Aufgabentyp zu üben, lesen Sie am besten zunächst die allgemeinen Hinweise zu diesem Aufgabentyp, die Sie in Kapitel 3 finden. Gehen Sie im Anschluss die entsprechende(n) Übungsaufgabe(n) an. Bei jeder Übungsaufgabe finden Sie **Hinweise und Tipps**. Diese helfen Ihnen dabei, die Arbeitsanweisungen richtig zu verstehen, die Klausur planvoll anzugehen und sich über die mit der Aufgabe verbundenen Erwartungen an Ihre Klausur klar zu werden. Außerdem sind zu jeder Aufgabe **Lösungsvorschläge** enthalten, mit denen Sie Ihre Aufsätze vergleichen können und die Sie nutzen können, um am Beispiel zu lernen. Bei diesen Lösungsvorschlägen handelt es sich um ausführliche und mustergültige Aufsätze – seien Sie also nicht enttäuscht, wenn Ihr Ergebnis dahinter zurückbleibt. Die Lösungsvorschläge sind mit einer Randspalte versehen, die Ihnen zentrale Aspekte der jeweiligen Ausgestaltung des Musteraufsatzes aufzeigt – z. B. zum Aufbau des Aufsatzes oder auch zur sprachlichen Gestaltung. Nach den Lösungsvorschlägen finden Sie zu jeder Teilaufgabe eine **Checkliste**, mit der Sie Ihre Arbeit überprüfen und bewerten können. Kreuzen Sie einfach an, welche Punkte Sie in Ihrem Übungsaufsatz umgesetzt haben und welche Sie möglicherweise vernachlässigt haben – so lernen Sie, worauf Sie bei Ihrer Deutsch-Klausur achten sollten.

Bei mehrteiligen Aufgaben in diesem Band können Sie an der seitlich vermerkten Gewichtung ersehen, welche Teilaufgabe den Schwerpunkt Ihrer Arbeit bilden soll. Bei manchen Aufgaben finden Sie **vertiefende Zusatzaufgaben**, die Ihnen in der Regel nur gestellt werden, wenn Sie im Unterricht die entsprechenden Kenntnisse (z. B. zur literaturgeschichtlichen Epoche des Textes) erworben haben.

Die nächsten Unterkapitel des Vorspanns geben Ihnen weiterführende Hilfestellung für das Verfassen einer Klausur: Zunächst werden Ihnen die **Anforderungsbereiche** und **Operatoren** vorgestellt, die Ihnen die Arbeitsanweisungen in Klausuren verstehen helfen. Am Ende des Vorspanns finden Sie noch allgemeine Tipps – z. B. zur Zeitplanung, zur Strukturierung und zur sprachlichen Gestaltung Ihres Aufsatzes.

2 Anforderungsbereiche und Operatoren

Die mit einer Klausuraufgabe verbundenen Anforderungen können unterschiedlich komplex sein. Drei Anforderungsbereiche lassen sich hinsichtlich der Erwartungen an Ihre Verstehens- und Darstellungsleistung unterscheiden: die **Wiedergabe von Kenntnissen** (Anforderungsbereich I), die **Anwendung dieser Kenntnisse** (Anforderungsbereich II) sowie das **Problemlösen**, **Werten und Urteilen** (Anforderungsbereich III). Um einschätzen zu können, welche Anforderungen mit einer Klausuraufgabe an Sie gestellt werden, ist es wichtig, sich die Aufgabenstellung genauer anzusehen. Diese enthält sogenannte **Operatoren** – diese legen fest, was mit einem Arbeitsauftrag gemeint ist.

Die folgende Aufstellung gibt Ihnen einen Überblick über die wichtigsten Operatoren des Faches Deutsch und die mit ihnen verknüpften Erwartungen. Manchmal werden die Operatoren aber auch etwas anders verstanden. Wenn Sie es ganz genau wissen wollen, dann besprechen Sie am besten mit Ihrer Lehrerin oder Ihrem Lehrer, wie diese die Operatoren verwenden. In der rechten Spalte der tabellarischen Übersicht finden Sie Beispiele für Aufgabenstellungen mit den Operatoren:

Übergeordnete Operatoren mit Leistungen in allen drei Anforderungsbereichen	
INTERPRETIEREN / ANALYSIEREN	
einen ***literarischen Text*** erfassen, beschreiben, deuten – unter Berücksichtigung des Wechselbezuges von Textstrukturen, Funktionen und Intentionen, der zentralen strukturbildenden genretypischen, syntaktischen, semantischen und stilistisch-rhetorischen Elemente und ihrer Funktionen für das Textganze	*Interpretieren Sie das vorliegende Gedicht vor seinem literaturgeschichtlichen Hintergrund.* *Analysieren Sie den Text im Zusammenhang mit Ihnen bekannten Dramentheorien.*
einen ***Sachtext*** erfassen, beschreiben, untersuchen – unter Berücksichtigung des Zusammenhangs von Textstruktur u. Textintention, strukturbildender semantischer und syntaktischer Elemente, der sprachlichen Funktion dieser Elemente, der Wirkung und der pragmatischen Struktur des Textes sowie seiner Argumentationsweise	*Analysieren Sie den vorliegenden Text hinsichtlich seiner Argumentationsstruktur.*
ERÖRTERN	
eine These oder Problemstellung, eine Argumentation auf Wert und Stichhaltigkeit hin abwägend prüfen (meist durch Für-und-Wider- bzw. Sowohl-als-Auch-Argumente) und auf dieser Grundlage eine Schlussfolgerung bzw. eigene Stellungnahme widerspruchsfrei dazu verfassen	*Erörtern Sie ausgehend von den vorliegenden Texten die Vor- und Nachteile von Studiengebühren.*

Operatoren mit Leistungen im Anforderungsbereich I (Reproduktion)	
Beschreiben	
Textaussagen oder Sachverhalte in eigenen Worten strukturiert und fachsprachlich korrekt darstellen	*Beschreiben Sie die äußere Form des Gedichtes.*
Wiedergeben	
Inhalte und Zusammenhänge in eigenen Worten sachlich und fachsprachlich richtig formulieren	*Geben Sie die Hauptgedanken der vorliegenden Festtagsrede wieder.*
Zusammenfassen	
Inhalte, Aussagen, Zusammenhänge komprimiert und strukturiert fachsprachlich korrekt darstellen	*Fassen Sie die Meinung des Autors zum Thema „Sprachregulierung“ zusammen.*

Operatoren mit Leistungen im Anforderungsbereich II (Reorganisation und Transfer)	
Untersuchen	
an Texten, Textaussagen, Problemstellungen, Sachverhalten kriterienorientiert bzw. aspektgeleitet arbeiten	*Untersuchen Sie, inwiefern die rhetorischen Mittel die Aussageabsicht verstärken.*
Vergleichen	
Texte, Textaussagen, Problemstellungen, Sachverhalte unter vorgegebenen oder selbst gewählten Aspekten auf der Grundlage von Kriterien gegenüberstellen, in Beziehung setzen und analysieren, um Gemeinsamkeiten, Unterschiede, Teil-Identitäten, Ähnlichkeiten, Abweichungen oder Gegensätze ermitteln zu können	*Vergleichen Sie die Figurenkonstellation mit derjenigen im Drama X.* *Vergleichen Sie Art und Wirkung der Metaphorik in beiden Gedichten.*
Erläutern	
Textaussagen, Sachverhalte auf der Basis von Kenntnissen und Einsichten differenziert darstellen und durch zusätzliche Informationen und Beispiele veranschaulichen	*Erläutern Sie Brechts Theaterverständnis unter Berücksichtigung eines seiner Dramen.*
In Beziehung setzen	
Analyseergebnisse, Textaussagen, Sachverhalte, Problemstellungen mit bestimmten (vorgegebenen oder selbst gewählten) Aspekten in Verbindung bringen	*Setzen Sie Ihre Ergebnisse in Beziehung zur aktuellen Kritik an den neuen Medien.*

Operatoren mit Leistungen im Anforderungsbereich III (Reflexion, Problemlösung und Urteilen)	
DEUTEN	
Ergebnisse der Textbeschreibung in einen Erklärungszusammenhang bringen – unter Berücksichtigung des Wechselbezuges von Textstrukturen, Funktionen und Intentionen, der erfassten zentralen strukturbildenden genretypischen, syntaktischen, semantischen und stilistisch-rhetorischen Elemente und ihrer Funktion für das Textganze	*Deuten Sie die Metaphorik des Textes vor dem Hintergrund Ihrer Analyse und berücksichtigen Sie dabei den Epochenbezug.*
BEURTEILEN	
hinsichtlich eines Textes, einer Textaussage, der ästhetischen Qualität eines Textes, eines Sachverhalts, einer Problemlösung, einer Problematik ohne subjektiven Wertebezug mit Bezug auf Fachwissen und -erkenntnis zu einem selbstständigen, begründeten Sachurteil gelangen	*Beurteilen Sie den Versuch des Autors, die politischen Verhältnisse im Nahen Osten in lyrischer Form zu behandeln.*
STELLUNG NEHMEN	
die Einschätzung einer Problemstellung, Problemlösung, eines Sachverhaltes, einer Wertung auf der Grundlage fachlicher Kenntnis und Einsicht, kritischer Prüfung und sorgfältiger Abwägung formulieren	*Nehmen Sie zu den Aussagen des Textes auf der Grundlage Ihrer Kenntnisse zur Sprachforschung und Ihrer eigenen Erfahrungen Stellung.*
BEGRÜNDEN	
ein Analyseergebnis, Urteil, eine Einschätzung, eine Wertung fachlich und sachlich absichern (durch einen entsprechenden Beleg, Beispiele, eine Argumentation)	*Begründen Sie Ihre literaturgeschichtliche Einordnung des vorliegenden Textes.*
SICH AUSEINANDERSETZEN MIT	
zu einer (fachlichen) Problemstellung oder These eine Argumentation entwickeln, die zu einem begründeten und nachvollziehbaren Ergebnis führt	*Setzen Sie sich mit den Thesen des Verfassers vor dem Hintergrund Ihres geschichtlichen Wissens auseinander.*
PRÜFEN, ÜBERPRÜFEN	
eine Textaussage, These, Argumentation, ein Analyseergebnis, einen Sachverhalt auf der Grundlage eigener Kenntnisse, Einsichten oder Textkenntnis auf ihre/seine Angemessenheit hin untersuchen und zu Ergebnissen kommen	*Prüfen Sie die Argumentation des vorliegenden Textes auf Stichhaltigkeit.*

3 Grundlegende Aufgabentypen in Deutsch-Klausuren

Klausuren in der Oberstufe greifen meist auf bestimmte **Aufgabentypen** zurück. In den folgenden Unterkapiteln werden diese vorgestellt. Die Unterkapitel enthalten **Kataloge von Fragen**, die Ihnen bei den entsprechenden Aufgaben helfen können. Welche dieser Fragen bei der jeweiligen Klausuraufgabe in Ihrem Aufsatz tatsächlich zu beantworten sind, ist von der konkreten Aufgabenstellung und dem zugrunde liegenden Text (oder Material) abhängig. Es gehört mit zu den zu erbringenden Leistungen, die Relevanz einzelner Aspekte selbstständig zu beurteilen.
Am Ende der jeweiligen Beschreibung der Aufgabentypen finden Sie Hinweise, wie Sie die Aufgabentypen mit diesem Buch üben können. Hier werden auch der Zeitrahmen und der Schwierigkeitsgrad der jeweiligen Übungsklausur angegeben.

3.1 Interpretation lyrischer Texte

Gedichte sind besonders **verdichtete Texte**, die eine große Aufmerksamkeit hinsichtlich der formalen und sprachlich-rhetorischen Gestaltung erfordern. Manchmal ist es nicht ganz einfach, ein Gedicht beim ersten Lesen zu verstehen. Lesen Sie das Gedicht deshalb mehrfach und überlegen Sie sich beispielsweise zunächst, wie das Gedicht wirkt. Untersuchen Sie dann, wodurch diese Wirkung zustande kommt.
Wie das eine oder andere letztlich zu verstehen ist, ist übrigens nicht immer eindeutig zu entscheiden: Gedichte haben oft einen **offenen Deutungsraum**. Der Interpret muss daher ein Sensorium für das Uneindeutige, für einen gewissen Schwebezustand der Aussage haben, ohne dabei selbst unverbindlich zu argumentieren.

Die folgenden Fragen können Ihnen bei der Gedichtanalyse helfen:

Formale Gestaltung

- Folgt das Gedicht einem bestimmten Metrum und welche Wirkung hat dieses?
- Reimen sich Verse des Gedichts? Lässt sich ein Reimschema bestimmen? Welche Wirkung bzw. Funktion haben die Reime bzw. das Reimschema gegebenenfalls?

Aufbau

- Handelt es sich um eine benennbare Gedichtform (z. B. um ein Sonett)? Was zeichnet diese Gedichtform aus und was bedeutet dies für das Gedicht?
- Welche Versgruppen gehören zusammen?
- Lässt sich das Gedicht in Sinnabschnitte gliedern?

Inhalt

- Worum geht es im Gedicht – z. B. eher um die Gefühlswelt oder die Außenwelt?
- Da auch in Gedichten häufig etwas passiert: Gibt es eine Entwicklung?
- Ergibt sich eher fließend ein Gefühls- und Erlebniszusammenhang mit einer spürbaren Atmosphäre? Oder ist es ein eher spröder, intellektuell gedachter und gebauter Text, durchsetzt von Konjunktionen, Einsprüchen und Antithesen?
- Aus welcher Perspektive / von welchem Standort aus wird im Gedicht gesprochen?

Sprachlich-rhetorische Gestaltung

- Wie ist ein Motiv durchgeführt und inwieweit wandelt es sich?
- Welche Bilder und Metaphern fallen auf?
- Ist das Gedicht eher von einer bilderreichen oder z. B. von einer analytischen Sprache geprägt angelegt?
- Welche rhetorischen Mittel lassen sich identifizieren?
- Welche Wirkung bzw. Funktion haben die sprachlich-rhetorischen Gestaltungselemente im Gedicht?

➡ **ÜBUNGSMÖGLICHKEIT:**

Aufgabe 1 (S. 21):

Mit dieser Aufgabe üben Sie die **Interpretation eines Gedichts** anhand eines leicht zugänglichen Beispiels (Mascha Kaléko: *Großstadtliebe*). In einer vertiefenden Zusatzaufgabe können Sie Ihre Fähigkeit schulen, einen Text **literaturgeschichtlich einzuordnen**.

Schwierigkeitsgrad: leicht

Zeitrahmen: 90 Min. (Zusatzaufgabe: 30 Min.)

Aufgabe 2 (S. 29):

Mit dieser Aufgabe üben Sie die **Interpretation von Gedichten** und deren **Vergleich** anhand zweier nicht allzu schwerer Gedichte aus der Romantik (Clemens Brentano: *Nach Sevilla, nach Sevilla* und Joseph von Eichendorff: *Sehnsucht*).

Schwierigkeitsgrad: leicht bis mittel

Zeitrahmen: 135 Min.

3.2 Interpretation dramatischer Texte

Bei diesem Aufgabentyp wird Ihnen ein Auszug aus einem Drama vorgelegt. In aller Regel sind Dramen für die Aufführung auf der Bühne konzipiert. Es hilft Ihnen, dies bei der Betrachtung eines Szenenauszugs im Auge zu behalten, da dies ein wesentliches Merkmal der literarischen Gattung ist. Bemühen Sie Ihre Vorstellungskraft, um ein Gespür dafür zu entwickeln, wie der Szenenauszug auf der Bühne umgesetzt werden könnte, und nutzen Sie dafür die Hinweise, die der Autor in seinen Regieanweisungen gibt – sofern solche vorhanden sind.
Da in Dramen das gesprochene Wort der Figuren im Vordergrund steht, ist es meist eine der wichtigsten Interpretationsaufgaben, sich intensiver mit den **Figuren** und den **Beziehungen der Figuren** untereinander zu befassen.

Die folgenden Fragen können Ihnen bei der Interpretation dramatischer Texte helfen:

Formale Gestaltung

- Besteht der Text nur aus Haupttext (dem Wortlaut des Gesprächs) oder enthält er auch Nebentext (z. B. Regieanweisungen zu Gestik und Mimik der Figuren)? Was trägt dieser zum Verständnis bei?
- Handelt es sich um gebundene Sprache in Versen oder um Prosa?

Aufbau

- Lässt sich die Szene in Sinnabschnitte gliedern?
- Kommen im Verlauf der Szene Figuren hinzu oder gehen von der Bühne?
- Gibt es einen Höhe- oder Wendepunkt? Wo liegt er?

Inhalt

- Wie sieht die Kommunikationssituation aus? Wer spricht mit wem?
- Wie sind die Redeanteile bemessen?
- Welche Redeziele verfolgen die Figuren?
- Geht es um einen Konflikt? Spitzt sich dieser zu?
- Welche Rolle spielen der Schauplatz und eventuell ein Requisit oder eine Geste?
- Was bleibt hinter dem gesprochenen Wort unausgesprochen, ist mitzudenken und lässt uns ahnen, wie es in der Figur wirklich aussieht und was sie vielleicht plant?
- Was sagt die Szene über die jeweilige Figur aus – z. B. über ihren emotionalen Zustand, über ihre Motive, über ihre Beziehung zu anderen?
- Welchen Platz hat die Szene im Handlungszusammenhang? Welche Funktion kommt ihr zu? (Was wäre, wenn sie gestrichen wäre?)

Sprachlich-rhetorische Gestaltung

- Wie ist ein Motiv durchgeführt und inwieweit wandelt es sich?
- Auf welcher Sprachebene sprechen die Figuren (z. B. authentisch, künstlich, gehoben etc.)?
- Unterscheidet sich die sprachlich-rhetorische Gestaltung bei den einzelnen Figuren? Und was sagt dies über die Figuren aus?
- Werden viele Bilder und Metaphern verwendet?
- Welche rhetorischen Mittel lassen sich identifizieren?
- Welche Wirkung bzw. Funktion haben die sprachlich-rhetorischen Gestaltungselemente der Szene?

➡ ÜBUNGSMÖGLICHKEIT:

Aufgabe 3 (S. 37):

Mit dieser Aufgabe üben Sie die **Interpretation einer Dramenszene** anhand eines einfachen Beispiels (Bertolt Brecht: *Leben des Galilei*).

Schwierigkeitsgrad: leicht

Zeitrahmen: 135 Min.

Aufgabe 4 (S. 45):

Mit dieser Aufgabe üben Sie die **Interpretation einer Dramenszene** (Friedrich Schiller: *Maria Stuart*) unter Berücksichtigung des Dramenkontextes. Außerdem trainieren Sie in einer Reflexionsaufgabe die Anwendung theoretischer Überlegungen des Autors auf eines seiner Dramen.

Schwierigkeitsgrad: mittel bis schwer

Zeitrahmen: 180 Min. (ohne Reflexionsaufgabe: 135 Min.)

3.3 Interpretation epischer Texte

Bei diesem Aufgabentyp erhalten Sie entweder einen Auszug aus einem umfangreicheren Werk (beispielsweise aus einem Roman oder einer Novelle) oder einen abgeschlossenen Text einer kürzeren epischen Gattung (beispielsweise eine Kurzgeschichte oder eine Anekdote).
Bei erzählender Literatur sollten Sie sich davor hüten, sich in der Fülle des Stoffes zu verlieren und in der bloßen Inhaltswiedergabe stecken zu bleiben. Zur Analyse gehört hier im Regelfall eine Untersuchung der **Art und Weise des Erzählens**, die man gelegentlich als gegeben hinzunehmen geneigt ist. Um sich der erzählerischen Anlage bewusst zu werden, ist es hilfreich, sich zu überlegen, wie der Erzähler die Handlung anders hätte erzählen können – z. B. indem er anstelle des Inneren einer Figur nur deren Mimik schildert, indem er ausführlich die Motivation einer Figur kommentiert, anstatt deren Aussagen nur wiederzugeben, oder indem er eine Handlung nicht chronologisch erzählt, sondern mit Rückblenden und Vorausdeutungen.

Die folgenden Fragen können Ihnen bei der Interpretation epischer Texte helfen:

Äußere, formale Gestaltung

- Ist der Text in Absätze unterteilt und gibt er so möglicherweise schon Hinweise auf Sinnabschnitte?
- Enthält der Text wörtliche Rede?

Aufbau

- Lässt sich der Text in Sinnabschnitte einteilen? Lässt er sich möglicherweise hinsichtlich der Darstellung von äußerer und innerer Handlung sinnvoll gliedern?
- Gibt es einen Höhe- oder Wendepunkt? Wo liegt er?
- Führt der Text in die Handlungssituation ein oder beginnt er unvermittelt?
- Hat er einen erkennbaren Schluss oder ein offenes Ende?

Inhalt

- Welche Handlungselemente sind wesentlich?
- Wie ist das Verhältnis zwischen äußerer Handlung und inneren (seelischen, psychischen) Vorgängen?
- Um welche Figuren geht es, wie werden sie charakterisiert?
- Entsteht ein Abbild der Wirklichkeit oder erscheint sie ins Artifizielle, Groteske, Absurde verfremdet?
- Welches Bild von der erzählten Zeit wird entworfen, mit welchen Fragen setzt sich der Autor in seinem Text auseinander?

Erzählerisch-sprachliche Gestaltung

- Welche Erzählperspektive liegt vor? Überschaut der Erzähler die erzählte Welt? Weiß er mehr, als die einzelne Person wissen kann? Oder erzählt er gleichsam aus ihr heraus personal?
- Welche Erzählhaltung liegt vor? Hegt der Erzähler z. B. Sympathie für seine Helden oder bleibt er ironisch distanziert?

- Wie sind Satzbau und Wortwahl genauer zu charakterisieren? Ist der Text leicht verständlich oder sehr komplex formuliert?
- Wird linear-chronologisch erzählt oder gebrochen in Zeitsplittern, Facetten, Vorwegnahmen und Rückblicken?
- Welche Wirkung bzw. Funktion haben die sprachlich-rhetorischen Gestaltungselemente des epischen Textes?

➡ **ÜBUNGSMÖGLICHKEIT:**

Aufgabe 5 (S. 57)

Mit dieser Aufgabe üben Sie die aspektgeleitete **Interpretation einer Kurzgeschichte** (Ilse Aichinger: *Das Fenster-Theater*). In einer vertiefenden Zusatzaufgabe können Sie Ihre Kompetenz schulen, einen Text auf Merkmale seiner Textgattung zu prüfen.

Schwierigkeitsgrad: mittel

Zeitrahmen: 135 Min. (Zusatzaufgabe: 30 Min.)

3.4 Gestaltende Interpretation eines literarischen Textes

Gestaltendes Interpretieren ist **nicht mit kreativem Schreiben zu verwechseln**. Bei diesem ist der vorgegebene Text nur ein Schreibanlass und der Verfasser hat einen großen subjektiven Gestaltungsspielraum. Gestaltendes Interpretieren ist dagegen **eine Alternative zur analytischen Interpretation:** Wie diese dient es der Texterschließung, wenn auch mithilfe einer anderen Methode. Die gestaltende Interpretation ist daher sowohl ein kreatives (Textproduktion) als auch ein deutendes (Textverständnis) Verfahren.

Bei der gestaltenden Interpretation wird meist ein **Textauszug** aus einem Werk vorgelegt, das Sie aus dem Unterricht kennen. In aller Regel steht eine wichtige Figur im Mittelpunkt. Ihre gestaltende Aufgabe besteht meist darin, im Anschluss an den Textauszug einen quasi-literarischen Text zu verfassen. Das kann z. B. ein Dialog zwischen zwei Figuren, ein innerer Monolog, ein Tagebucheintrag oder auch ein Brief sein. Sie sind hierbei aufgefordert, eine Leerstelle im Werk auszufüllen, indem Sie eine vom Autor selbst nicht realisierte Möglichkeit ergreifen. Die Funktion des gestaltenden Interpretierens besteht darin, ein Werk durch Übernahme und Ausgestaltung einer oder mehrerer Figurenperspektiven zu erschließen und zu deuten.

Man sollte den Schwierigkeitsgrad einer solchen Aufgabe nicht unterschätzen. Die Aufgabe erfordert nicht nur einen guten Blick dafür, welche inhaltlichen Aspekte des Textes in die Gestaltung mit einfließen sollen, sondern auch sprachliches Geschick. Notwendig sind darüber hinaus genaue Kenntnisse bezüglich der zu realisierenden **Textsorte** (etwa der Form des inneren Monologs) und bezüglich des **Inhalts** und der **Figuren**, um die es in der gestaltenden Aufgabe geht – denn es geht darum, dass Ihr Text- und Figurenverständnis in dem Aufsatz deutlich wird.

Zusammenfassend lässt sich sagen, dass der gestaltete Text drei Anforderungen gerecht werden muss: Er soll erstens **inhaltlich stimmig**, d. h. durch Werkvorgaben wie Handlung, Charaktere, Figurenkonstellation abgesichert sein. Zweitens soll er die

Anforderungen der Textsorte korrekt **umsetzen**. Drittens soll er den tatsächlichen oder nachvollziehbar anzunehmenden **Sprachgestus der Figur(en) nachempfinden**.

Die folgenden Fragen können Ihnen bei der Gestaltungsaufgabe helfen:

Inhaltliche Angemessenheit

- Welche Elemente (z. B. der Handlung, der Stimmung oder der Figurenbeziehungen) aus dem Textauszug möchte ich in die Textproduktion einfließen lassen?
- Welche Elemente des gesamten Werks sind für die Gestaltungsaufgabe relevant (z. B. eine Textstelle, in der die Beziehung zwischen den zwei Figuren des Auszugs deutlich wird) und möchte ich in die Textproduktion einfließen lassen?
- Welche charakterlichen Merkmale und typischen Verhaltensweisen der Figuren sind sinnvollerweise zu berücksichtigen?

Perspektive

- Welche Perspektive muss ich einnehmen?
- Was weiß die Figur, deren Perspektive ich einnehme? Was kann sie nicht wissen?
- Wie kann ich die Situation, die der Textproduktion zugrunde liegt (z. B. die Situation, in der ein Innerer Monolog stattfinden soll), berücksichtigen?

Ästhetizität

- Welche Merkmale hat die Textart, die ich in meinem Aufsatz realisieren soll?
- Welche sprachlichen Merkmale sollte mein Text haben, damit ich der jeweiligen Figur gerecht werde? Spricht die Figur beispielsweise eher in Bildern? Pflegt sie einen gehobenen Sprachstil? Neigt sie zu Abschweifungen?
- Gibt es charakteristische Motive, die ich in meinem Text berücksichtigen sollte?

➡ **ÜBUNGSMÖGLICHKEIT:**

Aufgabe 6 (S. 66):
Mit dieser Aufgabe üben Sie die **gestaltende Interpretation eines literarischen Textes** (Max Frisch: *Homo faber*), indem Sie einen Brief einer literarischen Figur verfassen und Ihre Gestaltung des Briefes reflektieren. Darüber hinaus können Sie die Einordnung einer Textstelle in den Handlungszusammenhang trainieren.

Schwierigkeitsgrad: mittel bis schwer

Zeitrahmen: 225 Min. (ohne Einordnungsaufgabe: 180 Min.)

3.5 Analyse eines Sachtextes

Bei diesem Aufgabentyp können Ihnen ganz verschiedene Texte vorgelegt werden – z. B. Kommentare, Leserbriefe, Rezensionen, Reden oder auch Interviews. Insbesondere wenn die Sachtextanalyse die Grundlage einer Texterörterung bilden soll, handelt es sich meist um schwerpunktmäßig **argumentierende Texte**.

Die folgenden Fragen können Ihnen bei der Sachtextanalyse helfen:

Formale Gestaltung

- Ist der Text in Absätze unterteilt, die möglicherweise schon Rückschlüsse auf den Aufbau zulassen?
- Weist der Text einen Vorspann (häufig bei Zeitungsartikeln) oder Zwischenüberschriften auf?

Aufbau

- Wie beginnt der Text (z. B. mit einem Beispiel, mit einer Definition oder einer Frage)?
- Wie sieht die Argumentationsstruktur aus (Thesen, Argumente, Beispiele)?
- Wie endet der Text (z. B. mit einem Resümee, einem Scherz oder einem Appell)?

Inhalt

- Wer ist der Adressat des Sachtextes, steht der Text in einem bestimmten Kommunikationszusammenhang (sofern bekannt)? Was für eine Textsorte liegt vor?
- Was ist das zentrale Problem, um das es im Text geht?
- Was ist die Position des Autors und was sind seine zentralen Aussagen?
- Welche Argumente bringt der Autor vor? Welcher Art sind seine Argumente (z. B. Meinungen von Autoritäten/Experten, Tatsachen, Forschungsergebnisse, persönliche Erfahrungen)?
- Untermauert und veranschaulicht der Autor seine Argumentation mit Belegen/Beispielen?
- Was ist die Intention des Autors? Fordert er etwas?
- Was ist die vorherrschende Funktion des Textes – z. B. Darstellung, Selbstoffenbarung, Appell?
- Setzt sich der Verfasser mit möglichen Einwänden auseinander und – wenn ja – auf welche Weise?

Sprachlich-rhetorische Gestaltung

- Versucht der Autor durch Sachlichkeit zu überzeugen oder versucht er möglicherweise z. B. durch einen emotionalen oder suggestiven Stil eine bestimmte Stimmung zu erzeugen, mit der er den Adressaten für sich einnehmen will?
- Auf welcher Sprachebene bewegt sich der Verfasser? Benutzt er Fachsprache(n), Umgangssprache, Vulgärsprache?
- Wie sind Satzbau und Wortwahl genauer zu charakterisieren?
- Ist der Text leicht verständlich oder sehr komplex formuliert?
- Verwendet der Autor Stilmittel (z. B. Alliterationen, Metaphern, Vergleiche, rhetorische Fragen)?
- Verwendet der Autor Mittel der Ironie, der ironischen Übertreibung und der Zuspitzung (insbesondere bei Glossen oder Polemiken)?
- Welche Wirkung bzw. Funktion haben diese Gestaltungselemente des Sachtextes?

➡ **ÜBUNGSMÖGLICHKEIT:**

Aufgabe 7 (S.79):

Mit dieser Aufgabe üben Sie die **Analyse eines Sachtextes** anhand eines gut verständlichen Beispiels zum Thema Sprachwandel und Schutz der deutschen Sprache.

Schwierigkeitsgrad: leicht bis mittel

Zeitrahmen: 135 Min.

Aufgabe 8 (S. 87):

Diese Aufgabe enthält in der 1. Teilaufgabe eine aspektgeleitete **Sachtextanalyse**. Das Thema des Sachtextes ist „Literarische Bildung". Die 2. Teilaufgabe ist eine Sachtexterörterung (siehe hierzu die nachfolgende Beschreibung zur Erörterung eines Sachtextes).

Schwierigkeitsgrad der Sachtextanalyse: mittel

Zeitrahmen der Sachtextanalyse: 60 Min.

Aufgabe 9 (S. 98):

Diese Aufgabe enthält in der 1. Teilaufgabe eine aspektgeleitete **Sachtextanalyse**. Das Thema des Sachtextes ist die Frage, ob in der Schule Klassiker oder eher zeitgenössische literarische Werke gelesen werden sollten. In der 2. Teilaufgabe können Sie das adressatenbezogene Schreiben am Beispiel eines Leserbriefes trainieren.

Schwierigkeitsgrad der Sachtextanalyse: mittel

Zeitrahmen der Sachtextanalyse: 75 Min.

3.6 Erörterung eines Sachtextes

Bei diesem Aufgabentyp wird häufig zunächst eine (eingeschränkte) Sachtextanalyse verlangt, auf deren Grundlage es dann die Position und die Aussagen des Verfassers zu erörtern gilt. Es ist aber auch möglich, dass nur der Erörterungsauftrag erteilt wird. Der zugrundeliegende Sachtext wird in den meisten Fällen **argumentierender** Natur sein.

Die folgenden Fragen können Ihnen bei der Sachtexterörterung helfen:

Position des Verfassers

- Ist die Position des Verfassers plausibel?
- Was spricht für die Stimmigkeit der Thesen, was dagegen?

Argumentation des Verfassers

- Sind die Argumente des Verfassers nachvollziehbar? Warum bzw. warum nicht?
- Stellt der Verfasser nur Behauptungen auf oder greift er belegend auf Zahlen und Fakten, allgemeine Erfahrungswerte oder plausible Erklärungen zurück?
- Sind die Beispiele des Verfassers nachvollziehbar und passen sie zu den Argumenten?
- Geht der Verfasser möglicherweise von falschen Voraussetzungen aus?

Eigene Position

- Habe ich die gleiche Position wie der Verfasser?
- Teile ich die Forderung(en) des Verfassers?
- Welche Argumente kann ich gegen die Position des Verfassers ins Feld führen, mit welchen Argumenten lässt sich seine Position stützen?
- Welche Argumente kann ich für meine eigene Position anbringen?
- Mit welchen Belegen und Beispielen kann ich meine Argumente untermauern?
- Welche – möglicherweise über den Sachtext hinausgehenden – Gegenargumente muss ich berücksichtigen (und gegebenenfalls entkräften)?

Aufbau des Aufsatzes

- Was für eine Erörterungsform legt die Aufgabenstellung nahe – eine lineare Erörterung oder eine Pro- und Kontra-Erörterung? Ist möglicherweise eine Struktur sinnvoll, die sich an einzelnen thematischen Aspekten orientiert (wenn beispielsweise Teilaussagen des Textes nacheinander zu prüfen sind)?

➡ **ÜBUNGSMÖGLICHKEIT:**

Aufgabe 8 (S. 87):
Mit dieser Aufgabe üben Sie die **Erörterung eines Sachtextes** anhand eines nicht allzu schweren Beispiels zum Thema „Literarische Bildung“. Grundlage der Erörterung ist die Herausarbeitung der **Aussagen** und der **Argumentation des Sachtextes**.

Schwierigkeitsgrad: mittel

Zeitrahmen: 135 Min.

3.7 Adressatenbezogenes Schreiben

Bei diesem Aufgabentyp wird häufig zunächst eine (eingeschränkte) Sachtextanalyse verlangt, auf deren Grundlage Sie dann einen – im Unterschied zum gestaltenden Interpretieren – **nicht fiktionalen Text** verfassen. In der Aufgabenstellung ist oft ein Kommunikationszusammenhang vorgegeben, in dem Ihr Text stehen soll; gelegentlich – wie beispielsweise beim Leserbrief – ergibt sich der Kommunikationszusammenhang auch direkt aus der zu verfassenden **Textsorte**. Beim adressatenbezogenen Schreiben gilt es, das Augenmerk vor allem auch auf den Aufbau und auf die sprachlich-rhetorische Gestaltung zu legen, da diese in besonderem Maße kalkuliert und auf die Adressaten sowie auf die Textsorte ausgerichtet sein müssen.

Die folgenden Fragen können Ihnen beim adressatenbezogenen Schreiben helfen:

Adressatenbezug

- Wer sind meine Adressaten, an wen richtet sich der zu verfassende Text?
- Wie ist die Kommunikationssituation genauer beschaffen, die in der Aufgabenstellung implizit oder explizit vorgegeben ist?
- Welchen Zweck soll mein Text verfolgen?

Inhalt

- Welchen Zweck verfolgt die verlangte Textsorte im Allgemeinen? Wird mit ihr beispielsweise informiert, überzeugt, kritisiert oder reflektiert etc.?
- Worauf soll/will/kann ich inhaltlich zurückgreifen – beispielsweise auf eigene Erfahrungen, auf Aspekte und Informationen eines zugrundeliegenden Textes, auf meine Sachkenntnisse etc.?
- Welche Inhalte macht die Aufgabenstellung erforderlich? Mit welchen Inhalten kann ich beispielsweise am ehesten überzeugen, wenn ein argumentierender Text verlangt ist?

Form und Sprache

- Was sind die prägenden formalen Merkmale der Textsorte (z. B. Anrede und Schlussformel bei einer Meinungsrede)?
- Was sind die prägenden sprachlich-stilistischen Merkmale der verlangten Textsorte? Fordert sie beispielsweise eher eine sachlich-distanzierte, eine engagiert-appellierende oder eine geistreich-unterhaltsame Sprache – oder eine Mischung daraus?
- Legt die Textsorte eine bestimmte Textlänge nahe?

➡ **ÜBUNGSMÖGLICHKEIT:**

Aufgabe 9 (S. 98):
Mit dieser Aufgabe üben Sie das **adressatenbezogene Schreiben**, indem Sie einen Leserbrief verfassen. Grundlage dieses Schreibauftrags ist die aspektgeleitete **Analyse eines Sachtextes** (eines Zeitungskommentars) zum Thema Schullektüre.

Schwierigkeitsgrad: leicht bis mittel

Zeitrahmen: 135 Min.
(ohne Analyse: 75 Min.)

3.8 Materialgestützter Essay

Bei diesem Aufgabentyp wird Ihnen eine Reihe von **Materialien** vorgelegt, die ganz verschiedener Art sein können: Neben üblichen Texten (wie z. B. Berichten, Interviews, Reden, Kommentaren usw.) können Ihnen meist auch sogenannte nicht-kontinuierliche Texte vorgelegt werden (z. B. Grafiken oder Statistiken) oder auch Karikaturen. Manchmal enthält die Materialsammlung literarische Texte, mit denen kulturelle und geschichtliche Akzente gesetzt werden können. Die Materialien sind in aller Regel durch ein **übergreifendes Thema** miteinander verbunden.
Die Aufgabe besteht darin, einen Essay zu einem bestimmten Thema zu verfassen. Das vorgelegte Material dient Ihnen als **Grundlage** und **Anregung** für die Ausarbeitung. Im Regelfall ist es nicht nötig, die Materialtexte zu analysieren. Allerdings ist es gut, den Inhalt des Materials verstanden zu haben, damit Sie darauf beim Schreiben des Essays in angemessener Weise zurückgreifen können. Wie Sie auf das Material Bezug nehmen, ist zumeist Ihnen überlassen. Sie können dies beispielsweise über Zitate, Paraphrasen, Anspielungen, Wertungen eines Gedankens oder ganz allgemein

über einen Teilaspekt des Themas tun, den Sie bei der Materialsichtung als besonders wichtig empfunden haben. Neben den Informationen, die Sie aus den Texten gewonnen haben, sind darüber hinaus meist auch Ihre **eigenen Kenntnisse**, **Erkenntnisse** und **Erfahrungen** gefragt.

Der **Essay** als eher assoziativer „Gedankenspaziergang" unterscheidet sich in Aufbau und Form von herkömmlichen Erörterungen, die im Normalfall einer streng organisierten Argumentationsstruktur folgen sollen: Gedankensprünge und Widersprüche sind ebenso erlaubt wie einseitige, persönliche Wertungen oder Kritik. Der Essay vermischt Ebenen der Argumentation (These, Beleg, Folgerung usw.) und verlangt keine endgültige ausgewogene Stellungnahme am Schluss. Vielmehr will der Essay als subjektiver Diskussionsbeitrag provozieren und zum Weiterdenken und -schreiben anregen. Diesem kommunikativen Ziel gilt auch die **sprachliche Gestaltung**. Essays sollen unterhalten, d. h. anschaulich, bildhaft und interessant sein. Sie betrachten aber in jedem Fall kritisch ein Problem, um an den Verstand des Lesers zu appellieren und ihn zu einer Stellungnahme herauszufordern.

Die folgenden Fragen können Ihnen beim Verfassen des materialgestützten Essays helfen:

Materialsichtung

- Was ist die Hauptaussage der einzelnen Texte?
- Welche Einzel-Aussagen sind für das geforderte Essay-Thema besonders relevant?
- Falls Ihnen Statistiken oder Diagramme vorliegen: Was sind die zentralen Ergebnisse?
- Falls Ihnen Bilder oder Karikaturen vorliegen: Welche Anregungen für das Essay-Thema ergeben sich aus den Materialien?

Inhalt

- Welche Aspekte aus den Materialien sind sinnvollerweise zu verwenden?
- Welche darüber hinausgehenden eigenen Kenntnisse, Einsichten, Erfahrungen, Ideen und Vorstellungen möchte ich mit einfließen lassen, um das Essay-Thema perspektivenreich zu beleuchten (Stoffsammlung)?
- Mit welchen Belegen und Beispielen kann ich meinen Essay unterhaltsam und interessant gestalten?
- Wie kann ich meine eigene Subjektivität in den Essay einbringen?

Aufbau

- Wie kann ich den Leser in meiner Einleitung für meinen Essay und für das Thema gewinnen? Wie kann ich die Einleitung attraktiv gestalten?
- Wie kann ich die einzelnen Aspekte des Themas, die ich berücksichtigen möchte, in meinem Essay anordnen, sodass ich der Form des Essays als Gedankenspaziergang gerecht werde?

➡ **ÜBUNGSMÖGLICHKEIT:**

Aufgabe 10 (S. 108):
Mit dieser Aufgabe üben Sie das **materialgestützte Verfassen eines Essays** auf der Grundlage eines Material-Dossiers. Außerdem können Sie das Schreiben von zusammenfassenden **Abstracts** üben. Das Thema des Essays ist die Mobilität der Zukunft.
Da dieser Essay-Aufgabe das gleiche Material zugrunde liegt wie der nachfolgenden materialgestützten Erörterung, lohnt es sich, die beiden Aufgaben, Ihre Lösungen und die abgedruckten Lösungsvorschläge miteinander zu vergleichen. So können Sie sehr gut die Unterschiede zwischen Essay und Erörterung nachvollziehen.

Schwierigkeitsgrad: schwer

Zeitrahmen: 180 Min.
(ohne Abstracts-Aufgabe: 135 Min.)

3.9 Materialgestützte Erörterung

Bei diesem Aufgabentyp wird Ihnen wie beim materialgestützten Essay eine Materialsammlung vorgelegt, die es in die Erörterung des vorgegebenen Themas einzubeziehen gilt. Auch hier sind Materialien möglich, die über die gewöhnlichen Sachtexte von Texterörterungen hinausgehen.
Die Materialien geben Ihnen Anregungen für Ihre Erörterung des Themas. Über die Informationen und Ideen, die Sie aus den Materialien gewinnen, sind aber auch eigenes Wissen und eigene Kenntnisse gefragt.
Bei der materialgestützten Erörterung ist im Unterschied zum weniger systematisch vorgehenden und häufig assoziativ organisierten Essay ein **klarer und konsequenter Aufbau** nötig. Die sprachliche Gestaltung unterscheidet sich ebenfalls stark vom Essay: Während der Essay meist einen subjektiven, unterhaltsam-geistreichen Stil verlangt, ist bei der Erörterung eine sachlichere Sprache erforderlich.

Die folgenden Fragen können Ihnen beim Verfassen der materialgestützten Erörterung helfen:

Materialsichtung

- Was ist die Hauptaussage der einzelnen Texte?
- Welche Einzel-Aussagen sind für das geforderte Erörterungs-Thema besonders relevant?
- Falls Ihnen Statistiken oder Diagramme vorliegen: Was sind die zentralen Ergebnisse?
- Falls Ihnen Bilder oder Karikaturen vorliegen: Welche Anregungen für das Erörterungs-Thema ergeben sich aus den Materialien?

Inhalt

- Welche Aspekte aus den Materialien sind sinnvollerweise zu verwenden?
- Welche darüber hinausgehenden eigenen Kenntnisse und Einsichten kann ich einbeziehen (Stoffsammlung)?

- Welche Argumente kann ich für meine Position ins Feld führen?
- Mit welchen Belegen und Beispielen kann ich meine Argumente untermauern?
- Welche Gegenargumente muss ich berücksichtigen (und gegebenenfalls entkräften)?

Aufbau

- Was für eine Erörterungsform legt die Aufgabenstellung nahe – eine lineare Erörterung oder eine Pro- und Kontra-Erörterung? Ist möglicherweise eine Struktur sinnvoll, die sich an einzelnen thematischen Aspekten orientiert?
- Wie kann ich meine Argumentation gliedern, um dem Leser die Gründe für meine Position möglichst klar darzulegen?

➡ **ÜBUNGSMÖGLICHKEIT:**

Aufgabe 11 (S. 122):

Mit dieser Aufgabe üben Sie das **materialgestützte Verfassen einer Erörterung** auf der Grundlage eines Material-Dossiers. Das Thema der Erörterung sind die Chancen und Herausforderungen im Hinblick auf die Mobilität der Zukunft.
Da dieser Erörterungs-Aufgabe das gleiche Material zugrunde liegt wie dem vorangehenden materialgestützten Essay, lohnt es sich, die beiden Aufgaben, Ihre Lösungen und die abgedruckten Lösungsvorschläge miteinander zu vergleichen. So können Sie sehr gut die Unterschiede zwischen Essay und Erörterung nachvollziehen.

Schwierigkeitsgrad: mittel bis schwer

Zeitrahmen: 135 Min.

3.10 Literarische Erörterung

Bei einer literarischen Erörterung liegt der Schwerpunkt auf der **argumentativen Auseinandersetzung mit einem literarischen Werk** (oder auch mehreren literarischen Werken). Häufig gilt es, eine These zu einem Werk oder zu bestimmten literarischen Figuren zu prüfen.
Der Aufgabentyp *Literarisches Erörtern* trägt der Tatsache Rechnung, dass in literarischen Werken kulturelle Erfahrungen gespeichert und sie deshalb in besonderem Maße geeignet sind, Antworten auf Grundfragen der menschlichen Existenz zu geben. Literatur kann zur Selbstfindung des Lesers beitragen und diesen zugleich befähigen, Fremdes besser zu verstehen. Insofern fördert die literarische Erörterung als besonders eigenständige Leistung die **Selbstreflexion**, schult das **Argumentationsvermögen** und trägt zur **Entwicklung einer differenzierten sprachlichen Ausdrucksweise** bei.
Bei literarischen Erörterungen wird Ihnen meist entweder ein Zitat (oder auch zwei konträre Zitate) vorgelegt, das es an einem oder mehreren literarischen Texten zu prüfen gilt, oder es wird innerhalb der Aufgabenstellung eine Fragestellung formuliert, mit der Sie sich anhand eines oder mehrerer literarischer Texte auseinander-

setzen. Die Bezugstexte können von der Aufgabenstellung vorgegeben sein, es ist aber auch denkbar, dass Ihnen die Wahl gelassen wird, anhand welcher Werke Sie das Thema erörtern wollen. In diesem Fall gehört es mit zu den erforderlichen Leistungen, geeignete Werke auszuwählen.
Es empfiehlt sich in jedem Falle, zunächst das **thematische Feld** abzustecken, das heißt zu überlegen, was eigentlich gemeint ist beziehungsweise gemeint sein könnte. So kann man sich auch vergewissern, ob man mit den Vorgaben überhaupt etwas anfangen kann. So vermeiden Sie die **Gefahr einer Verfehlung des Themas**, die bei der literarischen Erörterung erfahrungsgemäß besonders groß ist.
Die Schwierigkeit besteht vor allem darin, im vorgegebenen Rahmen zu bleiben, auch wenn die Erörterungsaufgabe insgesamt viel Freiheit bei der inhaltlichen und methodischen Konzeption bietet.

Die folgenden Fragen können Ihnen beim Verfassen einer literarischen Erörterung helfen:

Inhalt

- Was soll ich erörtern – die Gültigkeit eines Zitats, eine These, eine Position etc.?
- Wie lässt sich das vorgegebene Thema genauer bestimmen?
- Bei Aufgaben ohne vorgegebene Bezugstexte: Welches literarische Werk (welche Werke) kann ich heranziehen, um mich möglichst differenziert mit dem vorgegebenen Thema auseinanderzusetzen?
- Welche Argumente lassen sich finden?
- Welche Aspekte des Bezugstextes (der Bezugstexte) sind wichtig, um das Thema vielschichtig zu betrachten? Und wie weit muss ich bei der Inhaltsdarstellung gehen, damit meine Argumentation auf festen Füßen steht?
- Welche Folgerungen sind aus der Auseinandersetzung mit dem Bezugstext (den Bezugstexten) zu ziehen?

Aufbau

- Was für eine Erörterungsform legt die Aufgabenstellung nahe – eine lineare Erörterung oder eine Pro- und Kontra-Erörterung? Ist möglicherweise eine Struktur sinnvoll, die sich an einzelnen thematischen Aspekten (oder auch an einzelnen literarischen Werken) orientiert?
- Wie kann ich meine Argumentation gliedern, um dem Leser die Gründe für meine Position möglichst klar darzulegen?

➡ ÜBUNGSMÖGLICHKEIT:

Aufgabe 12 (S. 131):

Mit dieser Aufgabe üben Sie das Verfassen einer **literarischen Erörterung** anhand einer recht offenen Fragestellung, bei der Sie die literarischen Bezugstexte selbst wählen können. Das Thema ist die Verführbarkeit des Menschen in literarischen Werken.

Schwierigkeitsgrad: mittel

Zeitrahmen: 135 Min.

4 Allgemeine Tipps für das Verfassen einer Klausur

4.1 Allgemeines Vorgehen und Zeiteinteilung

Bevor Sie sich an die eigentliche Arbeit machen, ist es wichtig, sich zunächst Klarheit darüber zu verschaffen, welche Anforderungen die Aufgabe umfasst und welche Teilaufgaben erfüllt werden müssen. Bei den meisten Aufgaben ist es darüber hinaus hilfreich, vor dem eigentlichen Schreibvorgang eine **Gliederung** anzufertigen, um die eigenen Gedanken zum Thema zu strukturieren und in eine sinnvolle Reihenfolge zu bringen. Auch für einen abschließenden **Korrekturdurchgang** sollten Sie etwas Zeit einplanen. Da gilt es, formale Fehler (Rechtschreibung, Zeichensetzung, Zeilenverweise u. a.) zu überprüfen.
Ihre Zeiteinteilung können Sie kontrollieren und verbessern, indem Sie beim Üben zu Hause die **Zeit**, die Sie **für die Ausfertigung** benötigen, festhalten und sich ein Zeitraster für den gesamten Arbeitsprozess erstellen.

4.2 Notizen beim Erarbeiten der Textinformationen

Markieren Sie die **Operatoren** in der Aufgabenstellung und rufen Sie sich ins Gedächtnis, welche Aufgabenstellung hiermit verbunden ist. So vermeiden Sie Themaverfehlungen. Bei der Arbeit mit dem zugrundeliegenden Text (oder Material) hilft es Ihnen, wenn Sie wichtige Textstellen (z. B. mit einem Textmarker) kennzeichnen. Mit Anmerkungen und Notizen am Rand des Textes fällt es Ihnen zudem bestimmt leichter, eine Gliederung zu erarbeiten und Ihr methodisches Vorgehen zu strukturieren.

4.3 Strukturierung

Oft erhalten Sie durch die Aufgabenstellung schon erste Hinweise darauf, wie Sie Ihren Aufsatz strukturieren können. Immer wieder gehört es aber auch zu den verlangten Anforderungen, selbst eine sinnvolle Strukturierung zu erarbeiten – gut gegliederte Aufsätze überzeugen gewiss mehr als ein unübersichtliches Gewirr aus Beobachtungen, Argumenten, Beispielen etc.
Zur Verdeutlichung der klaren gedanklichen Ordnung fügen Sie dort Absätze ein, wo ein neuer Gedankengang beginnt.
Noch ein Tipp für Klausuren mit mehreren Teilaufgaben: Überlegen Sie sich passende Überleitungen.

4.4 Die sprachliche Gestaltung Ihres Aufsatzes

Eine der Anforderungen, die bei einer Klausur zu erfüllen sind, ist u. a. eine angemessene, differenzierte und korrekte Sprachverwendung.

Einen **angemessenen Sprachstil** zeigen Sie, indem Sie dem zu verfassenden Texttyp entsprechend schreiben: So sind bei einer Gedichtinterpretation eher eine analytische Sprache und präzise Fachbegriffe gefragt, während beispielsweise beim adressatenbezogenen Schreiben und beim Essay auch humorvolle Wendungen und Überspitzungen erlaubt sein können und Fachbegriffe meist weniger wichtig sind.

Eine **differenzierte Sprache** stellen Sie unter Beweis, indem Sie abwechslungsreich und treffsicher formulieren. So ist es beispielsweise bei der Wiedergabe eines Sachtextes ratsam, nicht ständig die recht blassen Wendungen „Der Autor sagt/schreibt, dass …“ zu verwenden, sondern aussagekräftigere Formulierungen zu wählen, die den Sprechakt präziser bezeichnen – hier ein paar Vorschläge:

- „Der Autor begründet dies damit, dass …“
- „Der Verfasser will damit … widerlegen“
- „Der Redner belegt dies mit …“
- „Daraus leitet XY … ab“
- „Der Verfasser schlussfolgert, dass …“
- „Der Journalist führt die Meinung des Experten XY an, dass …“
- „Der Autor geht im Anschluss auf … ein“

Zur differenzierten Sprachverwendung gehört auch, dass Sie die Gedankenverbindungen durch entsprechende Formulierungen deutlich machen. Anstatt beispielsweise einfach nur zwei Hauptsätze aufeinander folgen zu lassen, deren Aussagen zueinander eigentlich in einem Kausalverhältnis stehen, sollten Sie dieses Kausalverhältnis sprachlich z. B. durch eine Konjunktion verdeutlichen. Besser als die Formulierung „Das Gedicht steht der Epoche der Romantik nahe. Es weist zentrale motivische Überschneidungen mit Eichendorff und Brentano auf.“ wäre z. B. der folgende Satz: „Das Gedicht steht der Epoche der Romantik nahe, da es zentrale motivische Überschneidungen mit Eichendorff und Brentano aufweist.“

Die **korrekte Sprachverwendung** – richtige Rechtschreibung, Zeichensetzung und Grammatik – ist ebenfalls ein Bewertungskriterium. Planen Sie deshalb etwas Zeit am Ende der Klausur dafür ein, Ihren Aufsatz auf sprachliche Richtigkeit zu prüfen.

Klausuren Deutsch
Übungsaufgabe 1 – Interpretation eines Gedichts

Aufgabe

Interpretieren Sie das Gedicht *Großstadtliebe* von Mascha Kaléko.

Vertiefende Zusatzaufgabe:
Setzen Sie das Gedicht zur Strömung der Neuen Sachlichkeit in Beziehung.

Mascha Kaléko (1907–1975)
Großstadtliebe (1933)

Man lernt sich irgendwo ganz flüchtig kennen
Und gibt sich irgendwann ein Rendezvous.
Ein Irgendwas, – 's ist nicht genau zu nennen –
Verführt dazu, sich gar nicht mehr zu trennen.
Beim zweiten Himbeereis sagt man sich ‚du'.

Man hat sich lieb und ahnt im Grau der Tage
Das Leuchten froher Abendstunden schon.
Man teilt die Alltagssorgen und die Plage,
Man teilt die Freuden der Gehaltszulage,
... Das übrige besorgt das Telefon.

Man trifft sich im Gewühl der Großstadtstraßen.
Zu Hause geht es nicht. Man wohnt möbliert.
– Durch das Gewirr von Lärm und Autorasen,
– Vorbei am Klatsch der Tanten und der Basen
Geht man zu zweien still und unberührt.

Man küsst sich dann und wann auf stillen Bänken,
– Beziehungsweise auf dem Paddelboot.
Erotik muss auf Sonntag sich beschränken.
... Wer denkt daran, an später noch zu denken?
Man spricht konkret und wird nur selten rot.

Man schenkt sich keine Rosen und Narzissen,
Und schickt auch keinen Pagen sich ins Haus.
– Hat man genug von Weekendfahrt und Küssen,
Lässt mans einander durch die Reichspost wissen
Per Stenographenschrift ein Wörtchen: ‚aus'!

Aus: M. Kaléko: Das Lyrische Stenogrammheft. Rowohlt Taschenbuch Verlag, Hamburg 302006, S. 20.

Anmerkung: Die Großstadt Berlin war für Mascha Kaléko in den dreißiger Jahren des 20. Jahrhunderts der Ort ihrer ersten großen literarischen Erfolge. Ihr Gedicht legt Zeugnis vom Ruf Kalékos als „Dichterin der Großstadt" ab.

Hinweise und Tipps

Der Operator *Interpretieren* verlangt von Ihnen, dass Sie den Text erfassen, beschreiben und deuten. Dazu gehört auch eine Untersuchung der formalen und sprachlich-rhetorischen Gestaltung, die es in ihrer Funktion bzw. Wirkung für das Gedicht zu bestimmen gilt.

Beginnen Sie Ihre Gedichtanalyse mit **Überblicksinformationen** zu Text und Autorin. Im Hauptteil bietet es sich an, das Gedicht mittels einer zusammenfassenden **Textwiedergabe** und der Formulierung einer **zentralen Textaussage** in einem ersten Zugriff zu beschreiben. In der **Detailanalyse** unterziehen Sie **Inhalt und Sprache** einer eingehenderen Untersuchung. Sie können dabei entweder eine **sukzessiv-chronologische** oder eine **aspektgeleitete Vorgehensweise** wählen. Bei der ersteren erschließen Sie Schritt für Schritt die einzelnen Strophen. Dies ist meist einfacher, da Sie nicht Gefahr laufen, Teile des Textes zu vernachlässigen. Wenn Sie sich in der Textinterpretation sehr sicher fühlen, können Sie aber auch aspektgeleitet vorgehen: Dabei widmen Sie sich nacheinander bestimmten Aspekten des Textes und greifen hierfür auf verschiedene Textstellen zurück. Der unten stehende Lösungsvorschlag folgt einer solchen aspektgeleiteten Analysestruktur.

Inhaltlich ist angesichts der thematischen Ausrichtung des Gedichts das Augenmerk vor allem auf die vermittelte Auffassung von Liebe bzw. Liebesbeziehungen zu legen.

Lösungsvorschlag

Einleitung mit Überblicksinformationen und ersten Hinweisen zum Textverständnis

Das Gedicht „Großstadtliebe“ von Mascha Kaléko aus dem Jahr 1933 spiegelt die Atmosphäre und das Milieu im **Berlin** ihrer Zeit wider. Mit Humor und sanftem ironischem Blick hält sie ihren Lesern den Spiegel großstädtischer Gepflogenheiten in Sachen Liebesbeziehung vor.

Hauptteil

Texterfassung

Zusammenfassung des Inhalts

In fünf Strophen mit durchgängig fünf Versen entwirft das Gedicht ein allgemeines Bild des typischen **Verlaufs einer Großstadtliebe** vom Kennenlernen bis zum Telegramm, welches das Ende der Beziehung verkündet. Dazwischen lebt man recht unverbindlich miteinander, telefoniert, trifft sich ab und an in der Stadt, weil es die Vermieter zu Hause offenbar nicht zulassen, tauscht sonntags auf Bänken und in Paddelbooten versteckt Küsse aus und lebt im Hier und Jetzt. Diese **Unverfänglichkeit der Beziehungen** erleichtert es, sich zu trennen.

Zentrale Aussage

Die Paare in der Großstadt legen nach Aussage des Gedichts ihre Beziehungen **nicht auf Dauer** an. Seltsam „unberührt“ (V. 15) lebt und erlebt man die Momente der Zweisamkeit. Von Liebe ist keine Rede, es sei denn in der Verniedlichungsform: „Man hat sich lieb […].“ (V. 6)

Die Verse jeder Strophe sind durch **Endreime** lose miteinander verknüpft: Man könnte hier von einem erweiterten Kreuzreim sprechen, bei dem der dritte Vers verdoppelt wird (abaab). Diese Auflockerung traditioneller Reimschemata passt ebenso zum Plauderton und zum alltagssprachlichen Tenor des Gedichts wie die zahlreichen unreinen Reime (beispielsweise „[...]straßen“ – „[...]rasen“, V. 11/13; „Narzissen“ – „Küssen“ V. 21/23). Das **Versmaß** ist in regelmäßigen fünfhebigen Jamben gestaltet, die allerdings aufgrund des weitgehend parataktischen Satzbaus und des Zeilenstils kaum zu einem beschwingten, fortdrängenden Lesen anregen, das häufig mit dem Jambus verbunden wird.

Aspektgeleitete Detailanalyse

Formale Gestaltung

Der Beginn des Gedichts fällt mit dem Anfang der Beziehung ebenso zusammen wie dessen Schluss mit dem Ende der Beziehung. Von einem Spannungsbogen zwischen Beginn und Ende der Beziehung kann allerdings angesichts der inhaltlichen Gestaltung kaum gesprochen werden: Ohne Weiteres könnte man die Reihenfolge der Strophen 2, 3 und 4 verändern. In diesem spannungslosen Aufbau spiegelt sich die episodische **Beiläufigkeit** und Flüchtigkeit der von Romantik weitgehend freien Großstadtbeziehungen, die Kaléko darstellen möchte.

Aufbau des Gedichts

Der **Titel** des Gedichtes ist irreführend. Denn dessen, was man im Allgemeinen unter Liebe versteht, entbehrt der Text. Liebe wird ersetzt durch „Ein Irgendwas“ (V. 3) als Ausdruck von **Unverbindlichkeit und Unbestimmtheit**. Vergleichbare Indefinitpronomen wie „irgendwo“ (V. 1) oder „irgendwann“ (V. 2) werden zu Beginn gehäuft aufgegriffen und prägen die Atmosphäre des gesamten Gedichts – bis zum letzten, dann allerdings definitiven Ausruf „aus“ (Z. 25), der durch das Ausrufezeichen noch einen besonderen Akzent erhält. Es scheint, als sei nur das Ende der Beziehung gewiss.

Diskrepanz zwischen Titel und Gedichtinhalt

Nur selten kommt überhaupt so etwas wie Verliebtsein zum Ausdruck: „Man hat sich lieb und ahnt im Grau der Tage / Das Leuchten froher Abendstunden schon.“ (V. 6 f.) Jedoch wird die beinahe **romantische Wendung** „Leuchten froher Abendstunden“ gleich wieder zurückgenommen, denn schon der folgende Vers erwähnt die Alltagssorgen. Der sich danach anschließende Vers **ironisiert** in seiner Banalität gar **den flüchtigen romantischen Schein:** „Man teilt die Freuden der Gehaltszulage“ (V. 9). Einfache traditionelle Liebesbezeugungen sind verpönt: „Man schenkt sich keine Rosen und Narzissen“ (V. 21). Das Rotwerden als Zeichen von Verliebtheit bildet eher die Ausnahme (vgl. V. 20).

Flüchtigkeit romantischer Ansätze …

… und keine traditionellen Liebesbezeugungen und -anzeichen

Die **Großstadt** mit ihrem Lärm, ihrem Menschengewühl und Autoverkehr, mit eingeschränkter Wohnsituation und sonntäglichen Amüsiermöglichkeiten im Grünen bildet die **Kulisse für diese Form der Paarbeziehung**. Die zu dieser Zeit noch recht neue Errungenschaft des Telefons erleichtert die Unverbindlichkeit des Zusammenlebens

Großstadt als prägender Kontext der Beziehungen

Unverbindlicher Charakter

(vgl. V. 10). Doch keineswegs geht die Unverbindlichkeit mit dem freien Ausleben sexueller Bedürfnisse einher. Es scheint unter anderem die großstädtische Wohnsituation (vgl. V. 12) zu sein, die erotische Begegnungen auf den siebten Tag der Woche begrenzt, an dem Ausflüge möglich sind: „Erotik muss auf Sonntag sich beschränken." (V. 18) Wie beispielsweise die legere Formulierung „Hat man genug von Weekendfahrt und Küssen" (V. 23) verdeutlicht, scheinen Beziehungen eher ein **vorübergehender angenehmer Zeitvertreib** zu sein als eine stabile und Sinn gebende Verbindung zweier Menschen. Auf das Vorübergehende und Zukunftslose der Beziehungen verweist auch die rhetorische Frage „Wer denkt daran, an später noch zu denken?" (V. 19).

Typus der Großstadtliebe statt Individualität einer konkreten Liebesbeziehung

Kaléko beschreibt **nicht das besondere Erleben zweier Individuen**. Zu Beginn jeder Strophe weist das Indefinitpronomen „man" darauf hin, dass weitreichende Gültigkeit der Beobachtungen beansprucht wird. Dieses anaphorisch eingesetzte „man" (vgl. auch V. 8 f.) ist irgendwer, es ist in Anzahl und Persönlichkeit unbestimmt. Das Gedicht unterscheidet daher auch nicht die Sicht der Geschlechter.

Genauere Kennzeichnung der sprachlich-rhetorischen Gestaltung

Nüchtern beschreibt der lyrische Sprecher die Paarbeziehungen. Zwar fallen Bilder wie etwa das bereits erwähnte alltagsbefreite „Leuchten froher Abendstunden" oder die lexikalisierte Metapher „im Grau der Tage" (V. 6 f.) in der sprachlichen Gestaltung der Verse auf. Doch dominanter sind die **Alltags- und Modevokabeln** wie „wohnt möbliert" (V. 12), „Stenographenschrift" (V. 25), „Reichspost" (V. 24) oder „Rendezvous" (V. 2) und „Weekendfahrt" (V. 23). Geradezu **schmucklos** kommen die Sätze daher, entbehren nahezu jeder adjektivischen Ausschmückung. Die Sprache des Gedichtes ist allem Anschein nach auch die Sprache der Beobachteten: „Man spricht konkret" (V. 20). Die **Alltagsnähe und Profanität** der Beziehung drückt sich ebenso in Wortverkürzungen und umgangssprachlichen Formulierungen („Lässt mans", V. 24) und in Einschüben („– 's ist nicht genau zu nennen –", V. 3) aus.

Historischer Verstehenskontext: zeitgenössische Lesernähe und Zeitbezug des Gedichts

Kaléko nimmt die Nüchternheit des Umgangs miteinander also in die Sprache auf. In dieser Sprache werden sich die Großstadtmenschen der Dreißiger Jahre wiedererkannt haben. Kaléko erschwert dieses Wiedererkennen nicht: Form, Inhalt und Sprache sind klar und einfach. Zudem legt die Autorin offenbar großen Wert darauf, lebensweltliche Elemente der Großstadtgeneration aufzunehmen – mit ihren Anspielungen auf Wohnverhältnisse, Treffpunkte und Freizeitverhalten stellt sie eine große Nähe zu ihren damaligen Lesern her.

Auf Romantisierungen, die die Liebeslyrik seit Langem prägten, verzichtet Kaléko in ihrem Gedicht. Sie vermittelt ein desillusioniertes Bild vom Großstadtmenschen, der sich im wirren Menschentreiben der Stadt recht egoistisch **Momente des Glücks** herausgreift. Denn romantische Liebe hat etwas mit tief empfundener Zweisamkeit zu tun – ein Gefühl, das den Menschen in der schnelllebigen und unpersönlichen Großstadt zwischen Gehaltszulage, Himbeereis und Paddelboot fremd geworden zu sein scheint bzw. von dem nur ein matter Abglanz im „Leuchten froher Abendstunden" (V. 7) aufscheint. An die Stelle der **romantischen Überhöhung der Liebe** setzt das Gedicht die Einfachheit, vielleicht aber auch die **Oberflächlichkeit** vorübergehender, nicht allzu emotionaler Beziehungen.

Zusammenfassende und reflektierende Schlussbetrachtung

Kaléko greift nicht ein individuelles Schicksal auf. Sie erfasst eine Zeiterscheinung, die sie mit mildem Spott bedenkt. Besonders zugespitzt klingen in dieser Hinsicht die letzten Verse des Gedichtes, wenn sie aufzeigt, wie „man" mittels Stenographenschrift eine Beziehung mit dem Wörtchen „aus" beendet. Dieser Vorgang ähnelt auffallend einer heutigen Zeiterscheinung, nur dass die Reichspost durch die SMS-Nachricht ersetzt wurde. Auch wenn das Gedicht mehr als 80 Jahre alt ist, so kann es uns insofern auch noch heute etwas sagen.

Aktueller Verstehenshorizont

Hinweise und Tipps zur vertiefenden Zusatzaufgabe

Die Zusatzaufgabe wird Ihnen nur gestellt werden, wenn Sie die literarische Strömung der **Neuen Sachlichkeit** im Unterricht durchgenommen haben.
Es handelt sich hierbei um eine Reflexionsaufgabe, bei der Sie Ihr **Wissen zum literaturgeschichtlichen Kontext des Gedichts** selbstständig anwenden sollen. Es bietet sich an, sowohl auf inhaltliche als auch auf sprachlich-formale Bezüge einzugehen.

Lösungsvorschlag zur vertiefenden Zusatzaufgabe

In der **Strömung der Neuen Sachlichkeit**, die die Literatur der Weimarer Republik entscheidend prägte, bildet eine gefühlsbetonte Darstellung der Realität keine Grundlage mehr für literarisches Schaffen. Sie distanziert sich so von der intensiven Literatur des Expressionismus. Die Literatur der Neuen Sachlichkeit widmet sich – häufig mit zeitkritischem Blick – gesellschaftlich aktuellen Themen und weist ein hohes Maß an Lebenswelt- und Wirklichkeitsbezug auf. Stilistisch prägend ist die **nüchterne**, **sachliche Be-**

Kennzeichnung der Strömung der Neuen Sachlichkeit

trachtungsweise, die insbesondere in der Liebeslyrik, die in der Zeit der Neuen Sachlichkeit nicht ausdrücklich als eigenständiger Themenkreis hervortritt, dem traditionellen Schreiben entgegensteht. Diese Merkmale kennzeichnen auch Kalékos Gedicht.

Inhaltliche Bezüge

Kalékos **zeit- und sozialkritischer Blick** zeigt sich darin, dass sie der großstädtischen Gesellschaft einen Spiegel vorhält, indem sie die für die schnelllebige moderne Großstadt typischen Beziehungsstrukturen beschreibt. Der direkte Bezug zur Lebenswelt und zur zeitgenössischen Wirklichkeit ist durch den Kontext der Großstadt gegeben, deren soziale Gegebenheiten das Verhalten der Menschen und ihr „Liebesleben" prägen – mit der Umgebung verändert sich der Mensch.

Betrachtungsweise

Kaléko betrachtet Liebesbeziehungen **distanziert und nüchtern**, entlarvt von diesem Standpunkt aus aber die sozialen Strukturen des großstädtischen Milieus. Mit sanfter Ironie, aber auch mit melancholischem Ton, der von einer versteckten Sehnsucht nach genau jener nicht vorhandenen Zweisamkeit zeugt, nimmt sie die Paarbegegnungen der Großstadtmenschen in den Blick. Sie kultivieren vorübergehende Beziehungen, deren Ende scheinbar **keine Schwermut oder Verzweiflung** mit sich bringt. Liebe wird hier nicht romantisch überhöht, vielmehr werden Beziehungen und ihre Bedingungen sachlich beschrieben. Durch den Verzicht auf individualisierende Darstellung weist das Gedicht einen hohen Grad an **Verallgemeinerbarkeit** auf, was wiederum dem gesellschaftskritischen Ansatz der Neuen Sachlichkeit zuträglich ist.

Sprachlich-formale Bezüge

Auch die Sprache des Gedichts passt zur Neuen Sachlichkeit. Entsprechend der programmatischen Forderung dieser Strömung nach einem Gebrauchswert der Literatur formt Kaléko die Sprache in ihrem Gedicht aus dem **Alltäglichen** und für den Leser **verständlich** und **leicht zugänglich**. Zwar war auch schon im Expressionismus die Großstadt ein prägendes Thema, doch während sie dort dämonisierend oder sakralisierend überhöht wurde, wird sie bei Kaléko sachlich und in einfachen Worten als lebens- und verhaltensprägender Kontext aufgegriffen. Das Gedicht damals zu lesen, bedeutete, seine Botschaft verstanden zu haben. Der Leser sollte sich mit seinem Leben in dem Text **wiederfinden**. Wer das indefinite „man" las, konnte „ich" lesen. Der Gebrauchswert des Gedichtes lag und liegt demnach wohl auch in einem Wiedererkennungswert, der den kritischen Blick auf das Ich freigibt, es aber nicht verletzt.

Reflektierender Schlussgedanke

Checkliste

Aspekt	Ja	Teil-weise	Nein	Weiß nicht
AUFBAU DES AUFSATZES				
Habe ich eine Einleitung mit den zentralen Primär-informationen zum Gedicht verfasst?	☐	☐	☐	☐
Habe ich einen geeigneten Schlussteil verfasst (z. B. Zusammenfassung der Ergebnisse, Aktualisierung, Einordnung)?	☐	☐	☐	☐
Ist mein Aufsatz klar strukturiert?	☐	☐	☐	☐
GEDICHTANALYSE				
Habe ich die formalen Aspekte wie Reim, Metrum und Strophenform berücksichtigt und deren Funktion bzw. Wirkung im Gedicht beschrieben?	☐	☐	☐	☐
Habe ich den Aufbau des Gedichts untersucht?	☐	☐	☐	☐
Habe ich die inhaltlichen Elemente nicht einfach nur beschrieben, sondern für die Gesamtdeutung genutzt?	☐	☐	☐	☐
Ist meine Deutung des Gedichts ohne Widersprüche?	☐	☐	☐	☐
Habe ich die sprachliche Gestaltung (z. B. Bildlichkeit, rhetorische Mittel) berücksichtigt?	☐	☐	☐	☐
Habe ich die sprachliche Gestaltung für meine Deutung genutzt?	☐	☐	☐	☐
Habe ich meine Befunde mit Textverweisen/-zitaten belegt?	☐	☐	☐	☐
SPRACHE UND STIL				
Habe ich abwechslungsreich und differenziert formuliert?	☐	☐	☐	☐
Habe ich sachlich, d. h. nicht umgangssprachlich oder übertreibend, formuliert?	☐	☐	☐	☐
Habe ich zutreffende und präzise Fachbegriffe verwendet?	☐	☐	☐	☐

Checkliste zur vertiefenden Zusatzaufgabe

Aspekt	Ja	Teil-weise	Nein	Weiß nicht
AUFBAU				
Sind meine Überlegungen klar strukturiert?	☐	☐	☐	☐
INHALT				
Habe ich die relevanten Merkmale der Neuen Sachlichkeit korrekt dargestellt?	☐	☐	☐	☐
Habe ich die Merkmale der Neuen Sachlichkeit widerspruchsfrei auf das Gedicht bezogen?	☐	☐	☐	☐
Habe ich sowohl inhaltliche als auch sprachlich-formale Aspekte berücksichtigt?	☐	☐	☐	☐
SPRACHE UND STIL				
Habe ich abwechslungsreich und differenziert formuliert?	☐	☐	☐	☐
Habe ich sachlich, d. h. nicht umgangssprachlich oder übertreibend, formuliert?	☐	☐	☐	☐
Habe ich zutreffende und präzise Fachbegriffe verwendet?	☐	☐	☐	☐

Klausuren Deutsch
Übungsaufgabe 2 – Gedichtvergleich

Aufgaben

Interpretieren und vergleichen Sie die Gedichte *Nach Sevilla, nach Sevilla* von Clemens Brentano und *Sehnsucht* von Joseph von Eichendorff.

Clemens Brentano (1778–1842)
Nach Sevilla, nach Sevilla (1801)

Nach Sevilla, nach Sevilla,
Wo die hohen Prachtgebäude
In den breiten Straßen stehen,
Aus den Fenstern reiche Leute,
Schön geputzte Frauen sehn,
Dahin sehnt mein Herz sich nicht!

Nach Sevilla, nach Sevilla,
Wo die letzten Häuser stehen,
Sich die Nachbarn freundlich grüßen,
Mädchen aus dem Fenster sehn,
Ihre Blumen zu begießen,
Ach, da sehnt mein Herz sich hin!

In Sevilla, in Sevilla,
Weiß ich wohl ein reines Stübchen,
Helle Küche, stille Kammer,
In dem Hause wohnt mein Liebchen,
Und am Pförtchen glänzt ein Hammer.
Poch ich, macht die Jungfrau auf!

Guten Abend, guten Abend –
Lieber Vater, setzt euch nieder,
Ei, wo seid ihr denn gewesen?
Und dann singt sie schöne Lieder,
Kann so hübsch in Büchern lesen,
Ach! und ist mein einzig Kind.

Aus: Clemens Brentano, Achim von Arnim: Werke in einem Band. Ausgewählt und eingeleitet von Karl-Heinz Hahn. 2. Auflage. Berlin und Weimar: Aufbau Verlag 1978, S. 21

Joseph von Eichendorff (1788–1857)
Sehnsucht (1834)

Es schienen so golden die Sterne,
Am Fenster ich einsam stand
Und hörte aus weiter Ferne
Ein Posthorn im stillen Land.
Das Herz mir im Leib entbrennte,
Da hab ich mir heimlich gedacht:
Ach, wer da mitreisen könnte
In der prächtigen Sommernacht!

Zwei junge Gesellen gingen
Vorüber am Bergeshang,
Ich hörte im Wandern sie singen
Die stille Gegend entlang:
Von schwindelnden Felsenschlüften,
Wo die Wälder rauschen so sacht,
Von Quellen, die von den Klüften
Sich stürzen in die Waldesnacht.

Sie sangen von Marmorbildern,
Von Gärten, die überm Gestein
In dämmernden Lauben verwildern,
Palästen im Mondenschein,
Wo die Mädchen am Fenster lauschen,
Wann der Lauten Klang erwacht
Und die Brunnen verschlafen rauschen
In der prächtigen Sommernacht. –

Aus: Joseph von Eichendorff: Gedichte. Eine Auswahl.
Mit einem Nachwort von Konrad Nussbächer.
Stuttgart: Reclam Verlag 1975, S. 20 f.

Hinweise und Tipps

Mit dem Operator *Interpretieren* ist ein umfassender Arbeitsauftrag zum Erschließen von literarischen Texten gemeint. Er fordert die verknüpfte Analyse von **Inhalt und Form** des Textes und deren **Deutung**. Beide Gedichte sind, ohne dass eine aspektorientierte Einschränkung erfolgt, komplett zu erschließen. Auch wird nicht das Hauptaugenmerk auf nur einen Text gelegt, denn dies müsste durch die Aufgabenstellung klar zum Ausdruck kommen.

Hinsichtlich des strategischen Vorgehens beim Gedichtvergleich ist zu empfehlen, **erst das eine Gedicht** zu interpretieren und **dann das andere**, eventuell unter vereinzelter Bezugnahme auf das erste. Die Aufgabenstellung mit dem Wort „und" suggeriert bereits, dass erst im Anschluss an die Interpretation der beiden Gedichte der Vergleich zu erfolgen braucht, während beispielsweise eine Formulierung „Interpretieren Sie vergleichend …“ ein anderes methodisches Vorgehen nahelegt. Da in der Aufgabenstellung kein Vergleichsaspekt genannt wird, ist es notwendig, die **relevanten und fruchtbaren Vergleichsaspekte selbstständig zu finden**. Dies fällt in dieser Aufgabe nicht allzu schwer, da als der wichtigste Vergleichsaspekt die Darstellung der Sehnsucht schnell ins Auge fällt. Allerdings ist es sinnvoll, auch noch auf weitere Aspekte einzugehen. Bei den vorliegenden Gedichten bietet es sich beispielsweise an, beim Vergleich auch den Aufbau der Gedichte und die Bildlichkeit zu berücksichtigen.

Der Aufsatz ist besonders gut, wenn die beiden Gedichte **literaturgeschichtlich** verortet werden – unter anderem der Entstehungszeitpunkt und das Motiv der Sehnsucht weisen die Gedichte als Texte der **Romantik** aus.

Lösungsvorschlag

Aufgabenbezogene Einleitung
Primärinformationen zu den beiden Gedichten

Die beiden vorliegenden Gedichte trennen mehrere Jahrzehnte: Clemens Brentano verfasste „Nach Sevilla, nach Sevilla“ im Jahre 1801, „Sehnsucht“ von Joseph von Eichendorff stammt aus dem Jahr 1834. Auch wenn die Entstehungszeitpunkte mehr als 30 Jahre auseinanderliegen, so fallen doch beide Gedichte in die Zeit der literarischen Romantik. Zudem variieren sie das romantische Motiv der Sehnsucht, die bei Eichendorff sogar programmatisch im Titel benannt wird. Allerdings unterscheiden sich die beiden Gedichte sehr hinsichtlich der Frage, wonach sich das jeweilige lyrische Ich sehnt.

Thematik

Interpretationshypothese

Analyse des ersten Gedichts
Formanalyse
Versmaß …

Nach Sevilla, nach Sevilla ist in Reimen verfasst. Betonte und unbetonte Silben wechseln regelmäßig ab. Der durchgängige Versfuß des Gedichts ist der **Trochäus**. Diese Formentscheidung ist für einen Romantiker eher ungewöhnlich, da eine solch regelmäßige Gestaltung in einem gewissen Widerspruch zu den Vorstellungen der Romantiker von dichterischer Freiheit steht, wonach das Genie kein poetisches Gesetz über sich dulde. Allerdings passt die Gestaltung auch wieder zu dem gewählten Schauplatz Sevilla, da der trochäische Vierheber ein typisch spanisches Versmaß war.

… mit literaturgeschichtlicher Perspektivierung

Das Reimschema des vierstrophigen Gedichts ist insofern auffällig, als in jeder Strophe ein **Kreuzreim**, der allerdings bisweilen unrein ist (V. 2 bis 5, 8 bis 11, 14 und 16), von einem **Anfangs- und einem Schlussvers**, die sich nicht reimen, **eingeschlossen** wird. Dadurch ergibt sich eine Rahmung jeder einzelnen Strophe, die den vierstrophigen Aufbau noch unterstreicht.

Reimschema …

… mit Benennung der Funktion

Textbeschreibung und Textdeutung

Strophe 1 und 2

Die erste und die zweite Strophe sind vom Gefühl der Sehnsucht durchzogen, wobei das lyrische Subjekt **antithetisch** hervorhebt, dass es sich nicht nach dem reichen und glanzvollen Sevilla sehnt, wie es in den Versen 2 bis 5 beschrieben wird, sondern nach dem der kleinen Leute, wo es „freundlich" (V. 9) zugeht und eine idyllische Atmosphäre herrscht (vgl. V. 8–11). Die ersten beiden Verse der Strophen 1 und 2 sind auffallend parallel konstruiert, sodass im Kontrast dazu die inhaltliche Antithetik umso mehr ins Auge springt. Die in den ersten zwei Strophen durchscheinenden sozialen Unterschiede in Sevilla werden im Gedicht Brentanos nicht – wie man es sich wenige Jahrzehnte später bei den Vormärzdichtern hätte vorstellen können – zu einer politischen Kritik genutzt. Vielmehr wird durch den letzten Vers der zweiten Strophe die **ganz individuelle Sehnsucht** des lyrischen Ichs nach dem **Sevilla der kleinen Leute** betont: Dies geschieht durch die Interjektion „Ach" und durch die **Schlüsselwörter** „sehnt" und „Herz" (V. 12).

Deutung der parallelen Konstruktion: Antithetik

Literaturgeschichtlicher Bezug

Berücksichtigung der sprachlichen Gestaltung

Strophe 3

Der erste Vers der dritten Strophe zeigt direkt, dass das lyrische Ich nun einen Schritt weiter ist: Es ist gedanklich in der Stadt der Sehnsucht angekommen („In Sevilla, in Sevilla", V. 13), genauer gesagt: an einem ganz bestimmten Haus, in dem sein „Liebchen" wohnt. Die drei **Diminutive** „Stübchen", „Liebchen", „Pförtchen", die **Adjektive** „reines", „helle", „stille" sowie das Verb „glänzt" prägen den ganz und gar **positiven**, **liebevollen Ton**, der die dritte Strophe kennzeichnet. Die lautlichen Entsprechungen wie in „Helle"/„stille" und „Küche"/„Kammer" (V. 15) unterstreichen noch die harmonische Atmosphäre. Die in dem Häuschen wohnende junge Frau, des lyrischen Subjekts „Liebchen", öffnet diesem, was das **Idyll** der dritten Strophe komplettiert.

Deutung der sprachlichen Form …

… unter Berücksichtigung der klanglichen Gestaltung

Strophe 4

Einbeziehung der Lesererwartung

Der zweite Vers der **vierten** Strophe hält dann eine Überraschung für den Leser bereit, denn man erfährt, dass es sich nicht, wie so oft in der Lyrik, um das Verhältnis zwischen Liebhaber und Geliebter handelt, sondern um die Liebe eines Vaters zu seiner Tochter. Sie empfängt ihren Vater liebevoll, wie ihre begrüßenden Worte zeigen (vgl. V. 19–21).

Abwägen zweier möglicher Lesarten

Die Tatsache, dass der Vater an die Tür klopft, könnte darauf hindeuten, dass er nicht dort wohnt und nicht einfach nur nach Hause kommt. Dann könnte man davon ausgehen, dass es sich um die Wohnung seiner Tochter handelt und diese wohl schon erwachsen ist. Die Frage „Ei, wo seid ihr denn gewesen?" steht dieser Deutung allerdings wieder entgegen, da sie Ausdruck der Verwunderung darüber ist, dass der Vater fort war.

Der Schluss des Gedichts

Unabhängig davon, wie man diese Leerstelle des Gedichts füllt, spürt der Leser des Vaters Freude an seiner Tochter: Sie erfreut ihn mit Liedern und dem Lesen in Büchern, Letzteres eine Fähigkeit, die in früheren Jahrhunderten für Mädchen aus dem Volk keine

Selbstverständlichkeit war. Dies erklärt wohl auch den Stolz des Vaters auf seine Tochter, der aus den Versen 22 bis 24 spricht. Für diesen Eindruck sind insbesondere die gewählten **Adjektive** „schöne", „hübsch" und „einzig" (V. 22–24) verantwortlich. Mit der Wiederholung der Interjektion „Ach!" (V. 24) und dem Hinweis, dass die geliebte Tochter das einzige Kind des lyrischen Ichs ist, endet und kulminiert dieses **Gedicht der Vaterliebe**. Letztlich kann man schließen, dass die Sehnsucht des lyrischen Ichs sich deshalb nach Sevilla richtet, weil dort sein geliebtes Kind wohnt.

Berücksichtigung der Wortwahl

Schlussfolgerung

Auch in Eichendorffs Gedicht ist Sehnsucht das beherrschende Motiv, doch während sich das lyrische Ich bei Brentano nach einem fassbaren Ort und nach einer konkreten Person sehnt, wünscht sich das lyrische Ich hier in die unbekannte Ferne.

Überleitung

Analyse des zweiten Gedichts

Formanalyse

Versmaß mit literaturgeschichtlicher Perspektivierung

Sehnsucht besteht aus **drei Strophen** mit **je acht Versen**, die im **Kreuzreim** angeordnet sind; mit Ausnahme der Verse 5 und 7 sind alle Reime rein. Da betonte und unbetonte Silben sich nicht regelmäßig abwechseln, kann man das Gedicht in die **germanisch-deutsche Verstradition** einordnen, wie sie **für viele deutsche Volkslieder typisch** ist. Aufgrund der Freiheit, die sich der Dichter bei der Füllung der Versfüße genommen hat, ist auch die Länge der Verse ungleich. Sie variieren zwischen sieben und neun Silben pro Vers.

Formaler Aufbau im Unterschied zur Tiefenstruktur des Gedichts

Schaut man etwas genauer hin, kann man feststellen, dass das Gedicht in seiner inhaltlichen Tiefenstruktur **nicht drei-**, **sondern zweigeteilt** ist und dass der Einschnitt genau in der Mitte des Textes liegt. In der **ersten Hälfte** ist vom **lyrischen Ich** und zwei **jungen Gesellen** die Rede, die ein **Lied** singen, dessen Inhalt die ganze **zweite Hälfte** des Gedichtes ausmacht.

Bildlichkeit des Gedichts mit Epochenbezug

Eichendorff verwendet viele Bilder und Versatzstücke, die für ihn typisch sind und die seine Gedichte in fast stereotyper Weise zum **Inbegriff der romantischen Lyrik** gemacht haben: Sehnsucht, Sterne, Einsamkeit, Ferne, Posthorn, Herz, wandern, singen, Wälder, rauschen, Waldesnacht, dämmernd, Mond, Brunnen, Nacht.

Erfassung des Inhalts

Die **Situation des lyrischen Subjekts** ist folgende: Es steht einsam in der Nacht am Fenster, und das Posthorn einer in „weiter Ferne" vorbeifahrenden Postkutsche sowie das Lied zweier wandernder Handwerksgesellen lösen beim lyrischen Ich Fernweh aus. Es möchte mit den Gesellen ziehen und mithin in die gleichen Situationen geraten, die diese sich in ihrem Lied ausmalen.

Detaillierte Analyse

Erster Teil (V. 1–12)

Genaue Sprachbetrachtung

Dass es ein **Posthorn** ist, das das Fernweh des lyrischen Subjekts auslöst, ist nur allzu verständlich, da bis in die ersten Jahrzehnte des 19. Jahrhunderts die Postkutsche das bequemste und verbreitetste Verkehrsmittel war. Als auslösendes Moment treten neben das Posthorn die **„zwei junge[n] Gesellen"** (V. 9) – und hier sind alle drei Wörter wichtig: Sie sind zu zweit, also nicht einsam wie das lyrische Ich; sie sind jung und offenbar ungebunden, das Leben liegt noch vor ihnen; und es sind eben Gesellen, die von Berufs wegen wandern und in der Welt herumkommen. All das lässt Rückschlüsse auf die **Lebenssituation des lyrischen Subjekts** zu, die zwar nicht absolut zwingend, jedoch immerhin plausibel sind. Das lyrische Subjekt könnte älter und aus familiären, gesundheitlichen und/oder beruflichen Gründen ortsgebunden sein. Jedenfalls kommt mit der Interjektion „Ach" (V. 7) – eine Parallele zu Brentanos Gedicht – und mit dem Konjunktiv II „wer da mitreisen könnte" zum Ausdruck, dass das lyrische Ich eben nicht mitreisen kann.

Verdeutlichung einer spekulativen Auslegung

Berücksichtigung der sprachlichen Gestaltung

Zur Harmonie dieser Szenerie gehört, dass trotz des scheinbaren Widerspruchs der Klang des Posthorns die Stille der Nacht nicht stört. Hier wie im ganzen Gedicht geht es auch um **sinnliche Wahrnehmungen**, wobei es allerdings immer das Sehen und das Hören sind, also die **Distanzsinne**, deren sich das wahrnehmende lyrische Subjekt bedient.

Die folgenden zwölf Verse, die **im Lied geäußerten Vorstellungen der Gesellen**, sind keineswegs eine unsystematische Aufzählung, sondern in **drei Blöcke** mit je vier Versen gegliedert. Zunächst wird eine wilde, **nicht vom Menschen geschaffene Natur** geschildert (V. 13–16). Im Anschluss, schon in der dritten Strophe, wird eine **von den Menschen** zumindest **mitgeformte Welt** beschrieben (V. 17–20): Die Marmorbilder sind offenbar von Menschenhand geschaffen und könnten Statuen meinen. Gärten sind angelegte, kultivierte Natur. Dass die Gärten „in dämmernden Lauben verwildern" (V. 19), zeugt indessen davon, dass der Mensch sich nicht zum Herrn über die Natur macht. Gleichwohl ist damit der Übergang zu den letzten vier Versen geschaffen, die dann eindeutig den **Bereich des Menschlichen** betreffen – die zwischenmenschliche Interaktion: Die Mädchen lauschen in Sommernächten am Fenster, wenn draußen am Brunnen „der Lauten Klang erwacht" (V. 22), und man darf wohl annehmen, dass die Musikinstrumente von herumziehenden jungen Männern, zum Beispiel von Gesellen, gespielt werden, die damit vielleicht auch Kontakte zu den Mädchen in den Fenstern knüpfen wollen. Insgesamt manifestieren sich im von den jungen Gesellen gesungenen Lied Vorstellungen von einer **fernen, verträumten Welt**, die der Geschäftigkeit des Alltagslebens entrückt ist – darauf deuten vor allem auch Begriffe wie „dämmernd" oder „verschlafen" (vgl. V. 19, 23) hin. Nicht übersehen werden sollte, dass das Lied da endet, wo das einsame, von der Reise ausgeschlossene lyrische Ich steht: „in der prächtigen Sommernacht" (vgl. V. 8 und 24). So wie das lyrische Ich am Fenster steht und lauscht, so stehen die Mädchen im Lied am Fenster und „lauschen" (V. 21). Doch während das Ich sich in die Ferne träumen muss, ist der Sehnsuchtsort der Mädchen in unmittelbarer Nähe.

Zweiter Teil (V. 13–24)

Feingliederung und Interpretation des zweiten Teils

Zusammenfassung der Deutung des Liedes

Berücksichtigung der Wortwahl

Berücksichtigung textimmanenter Bezüge

Die Sehnsucht in **Eichendorffs** Gedicht ist also eine sehr viel unbestimmtere als die bei **Brentano**. Sie richtet sich in die **Fremde** und bezieht ihre Kraft unter anderem aus der romantischen Vorstellung von **fernen Orten**, die das Lied der Gesellen zum Ausdruck bringt. Auslöser der Sehnsucht sind der **Klang** des Posthorns und das **Lied** der Gesellen. Bei **Brentano** hingegen gibt es keinen konkreten Auslöser für die Sehnsucht. Hier spricht sich ein lyrisches Ich aus, dessen **Erinnerungen an seine Tochter** offenbar der Grund für die Sehnsucht sind. Der Ort, an den sich das lyrische Ich wünscht, ist dabei nicht nur geografisch (Sevilla), sondern auch soziologisch (einfache Stadtviertel) fixierbar. Noch konkreter wird die Sehnsucht gegen Ende des Gedichts, wenn deutlich wird, dass sich hier ein Vater nach seiner Tochter sehnt.

Vergleich der beiden Gedichte

Motiv der Sehnsucht: unterschiedliche Ziele der Sehnsucht

Die zunehmende Konkretisierung bei **Brentano** spiegelt sich im Aufbau des Gedichts wider, das über die vier Strophen hinweg den **Blick immer weiter verengt**, bis es am Ende in der Stube der Tochter und damit bei der Tochter angelangt ist. **Eichendorffs** Gedicht indessen ist von einer **Erweiterung des Blicks** geprägt, der sich zunächst auf die konkrete Situation – das Stehen am Fenster –, dann auf die beobachteten Gesellen und schließlich davon ausgehend auf die im Lied geschilderte Vorstellungswelt richtet.

Aufbau der Gedichte: unterschiedliche Struktur und ihre jeweilige Funktion

Typischer für die Romantik ist gewiss Eichendorffs Gedicht: Es enthält die **Sehnsucht** nach einer **ganz anderen**, **einer fremden Welt**, während die Sehnsucht bei Brentano sich auf einen **konkreten Ort** richtet. Auch die **Bildlichkeit** wirkt bei Eichendorff romantischer als in Brentanos Gedicht, dessen Beschreibungen gegenständlicheren Charakter haben: So verbindet sich die Rede von an den Fenstern stehenden Mädchen bei Brentano mit der alltäglichen Tätigkeit des Blumengießens (vgl. V. 10 f.), die in die Schilderung des **realen sozialen Orts** in Sevilla eingebettet ist. Im Gedicht *Sehnsucht* ist sie dagegen Teil einer **märchenhaft wirkenden Szenerie** (vgl. V. 21 ff.).

Epochenbezug …

… unter anderem mit Hinweisen zur motivischen / bildlichen Gestaltung und mit einem Beispiel

Den heutigen Leser, wenn er aufgeschlossen gegenüber Literatur und den dort verarbeiteten Erfahrungen ist, dürften beide Gedichte ansprechen, da in ihnen **existenzielle Erfahrungen** der Menschen thematisiert und, freilich im Stile ihrer Zeit, literarisch gestaltet werden.

Schlussteil

Aktualisierender Bezug zur heutigen Zeit

Checkliste

Aspekt	Ja	Teil-weise	Nein	Weiß nicht
AUFBAU DES AUFSATZES				
Habe ich eine Einleitung mit den zentralen Primärinformationen zu den Gedichten verfasst?	☐	☐	☐	☐
Habe ich zwischen den Gedichtanalysen eine geeignete Überleitung formuliert?	☐	☐	☐	☐
Habe ich einen abrundenden Schlussteil verfasst?	☐	☐	☐	☐
Ist mein Aufsatz klar strukturiert?	☐	☐	☐	☐
GEDICHTANALYSEN				
Habe ich die formalen Aspekte wie Reim, Metrum und Strophenform berücksichtigt?	☐	☐	☐	☐
Habe ich den Aufbau der Gedichte untersucht?	☐	☐	☐	☐
Habe ich den Inhalt der Gedichte richtig erfasst?	☐	☐	☐	☐
Habe ich die inhaltlichen Elemente nicht einfach nur beschrieben, sondern für die Gesamtdeutung genutzt?	☐	☐	☐	☐
Ist meine Deutung der Gedichte ohne Widersprüche?	☐	☐	☐	☐
Habe ich die sprachliche Gestaltung des Gedichts (z. B. Motive, Bildlichkeit, rhetorische Mittel) berücksichtigt?	☐	☐	☐	☐
Habe ich diese für die Deutung genutzt?	☐	☐	☐	☐
Habe ich die Deutung mit Textverweisen/-zitaten belegt?	☐	☐	☐	☐
GEDICHTVERGLEICH				
Habe ich ergiebige Vergleichsaspekte ausgewählt?	☐	☐	☐	☐
Habe ich bei allen Vergleichsaspekten auch wirklich beide Gedichte berücksichtigt?	☐	☐	☐	☐
Habe ich die Gedichte auf Gemeinsamkeiten *und* Unterschiede geprüft?	☐	☐	☐	☐
SPRACHE UND STIL				
Habe ich abwechslungsreich und differenziert formuliert?	☐	☐	☐	☐
Habe ich sachlich, d. h. nicht umgangssprachlich oder übertreibend, formuliert?	☐	☐	☐	☐
Habe ich zutreffende und präzise Fachbegriffe benutzt?	☐	☐	☐	☐
SONSTIGES				
Habe ich an geeigneten Stellen die Epoche einbezogen?	☐	☐	☐	☐

Klausuren Deutsch
Übungsaufgabe 3 – Interpretation einer Dramenszene

Aufgabe

Interpretieren Sie den Textauszug unter besonderer Berücksichtigung der von den Figuren vertretenen Weltbilder.

Bertolt Brecht (1898–1956)
Leben des Galilei (1938), 8. Bild

In Bertolt Brechts Drama „Leben des Galilei" werden wesentliche Lebensstationen des authentischen Gelehrten Galileo Galilei aus den Jahren 1609 bis 1637 nachvollzogen. Unter Nutzung eines kurz zuvor erfundenen Fernrohrs kann Galilei die kopernikanische Lehre beweisen, nach der die Erde nicht den fixen Mittelpunkt des Alls darstellt, sondern sich um die Sonne bewegt. 1616 untersagt die Inquisition in einem Dekret weitere Forschungen. Dem Wissenschaftler wird später der Prozess gemacht, in dem er sich der Macht beugt und seine Lehre widerruft.
Die Handlung des Textauszuges spielt 1616 kurz nach dem Verbot der kopernikanischen Lehre durch die Inquisition: Ein Mönch, der als Physiker zwischen der traditionell christlichen und der modern-wissenschaftlichen Perspektive steht, will Galilei überzeugen, dass er nicht weiter die wissenschaftlichen Erkenntnisse verbreiten dürfe, da er damit den einfachen Leuten eine ihrer Situation Sinn gebende Weltdeutung nehme.

DER KLEINE MÖNCH: […] Erlauben Sie, daß ich von mir rede. Ich bin als Sohn von Bauern in der Campagna aufgewachsen. Es sind einfache Leute. […] Es ist ihnen versichert worden, daß das Auge der Gottheit auf ihnen liegt, forschend, ja beinahe angstvoll; daß das ganze Welttheater um sie aufgebaut ist, damit sie, die Agierenden, in ihren großen oder kleinen Rollen sich bewähren können. Was würden meine Leute sagen, wenn sie von mir erführen, daß sie sich auf einem kleinen Steinklumpen befinden, der sich unaufhörlich drehend im leeren Raum um ein anderes Gestirn bewegt, einer unter sehr vielen, ein ziemlich unbedeutender! Wozu ist jetzt noch solche Geduld, solches Einverständnis in ihr Elend nötig oder gut? Wozu ist die Heilige Schrift noch gut, die alles erklärt und als notwendig begründet hat, den Schweiß, die Geduld, den Hunger, die Unterwerfung, und die jetzt voll von Irrtümern befunden wird? […] Verstehen Sie da, daß ich aus dem Dekret der Heiligen Kongregation ein edles mütterliches Mitleid, eine große Seelengüte herauslese?

GALILEI: Seelengüte! Wahrscheinlich meinen Sie nur, es ist nichts da, der Wein ist weggetrunken, ihre Lippen vertrocknen, mögen sie die Soutane küssen! Warum ist denn nichts da? Warum ist die Ordnung in diesem Land nur die Ordnung einer leeren Lade und die Notwendigkeit nur die, sich zu Tode zu arbeiten? Zwischen strotzenden Weinbergen, am Rand der Weizenfelder! Ihre Campagnabauern bezahlen die Kriege, die der Stellvertreter des milden Jesus in Spanien und Deutschland führt. Warum stellt er die Erde in den Mittelpunkt des Universums? Damit der Stuhl Petri im Mittelpunkt der Erde stehen kann! Um das letztere handelt es sich. Sie haben recht, es handelt sich nicht um die Planeten, sondern um die Campagnabauern. […] Soll ich Ihre Leute anlügen?

DER KLEINE MÖNCH *in großer Bewegung:* Es sind die allerhöchsten Beweggründe, die uns schweigen machen müssen, es ist der Seelenfrieden Unglücklicher!

GALILEI Wollen Sie eine Cellini-Uhr sehen, die Kardinal Bellarmins Kutscher heute morgen hier abgegeben hat? Mein Lieber, als Belohnung dafür, daß ich zum Beispiel Ihren guten Eltern den Seelenfrieden lasse, offeriert mir die Behörde den Wein, den sie keltern im Schweiße ihres Antlitzes, das bekanntlich nach Gottes Ebenbild geschaffen ist. Würde ich mich zum Schweigen bereit finden, wären es zweifellos recht niedrige Beweggründe; Wohlleben, keine Verfolgung etc.

DER KLEINE MÖNCH Herr Galilei, ich bin Priester.

GALILEI Sie sind auch Physiker. Und Sie sehen, die Venus hat Phasen. Da, sieh hinaus!

Er zeigt durch das Fenster: Siehst du dort den kleinen Priap an der Quelle neben dem Lorbeer? Der Gott der Gärten, der Vögel und der Diebe, der bäurische obszöne Zweitausendjährige! Er hat weniger gelogen. Nichts davon, schön, ich bin ebenfalls ein Sohn der Kirche. Aber kennen Sie die achte Satire des Horaz? Ich lese ihn eben wieder in diesen Tagen, er verleiht einiges Gleichgewicht. *Er greift nach einem kleinen Buch.* Er läßt eben diesen Priap sprechen, eine kleine Statue, die in den Esquilinischen Gärten aufgestellt war. Folgendermaßen beginnt es:

„Ein Feigenklotz, ein wenig nützes Holz
War ich, als einst der Zimmermann, unschlüssig
Ob einen Priap machen oder einen Schemel
Sich für den Gott entschied …"

Meinen Sie, Horaz hätte sich etwa den Schemel verbieten und einen Tisch in das Gedicht setzen lassen? Herr, mein Schönheitssinn wird verletzt, wenn die Venus in meinem Weltbild ohne Phasen ist! Wir können nicht Maschinerien für das Hochpumpen von Flußwasser erfinden, wenn wir die größte Maschinerie, die uns vor Augen liegt, die der Himmelskörper, nicht studieren sollen. Die Winkelsumme im Dreieck kann nicht nach den Bedürfnissen der Kurie abgeändert werden. Die Bahnen fliegender Körper kann ich nicht so berechnen, daß auch die Ritte der Hexen auf Besenstielen erklärt werden.

DER KLEINE MÖNCH Und Sie meinen nicht, daß die Wahrheit, wenn es Wahrheit ist, sich durchsetzt, auch ohne uns?

GALILEI Nein, nein, nein. Es setzt sich nur so viel Wahrheit durch, als wir durchsetzen; der Sieg der Vernunft kann nur der Sieg der Vernünftigen sein. Eure Campagnabauern schildert Ihr ja schon wie das Moos auf ihren Hütten! Wie kann jemand annehmen, daß die Winkelsumme im Dreieck *ihren* Bedürfnissen widersprechen könnte! Aber wenn sie nicht in Bewegung kommen und denken lernen, werden ihnen auch die schönsten Bewässerungsanlagen nichts nützen. Zum Teufel, ich sehe die göttliche Geduld Ihrer Leute, aber wo ist ihr göttlicher Zorn?

DER KLEINE MÖNCH Sie sind müde!

GALILEI *wirft ihm einen Packen Manuskripte hin:* Bist du ein Physiker, mein Sohn? Hier stehen die Gründe, warum das Weltmeer sich in Ebbe und Flut bewegt. Aber du sollst es nicht lesen, hörst du? Ach, du liest schon? Du bist also ein Physiker?

DER KLEINE MÖNCH *hat sich in die Papiere vertieft.*

GALILEI Ein Apfel vom Baum der Erkenntnis! Er stopft ihn schon hinein. Er ist ewig verdammt, aber er muß ihn hineinstopfen, ein unglücklicher Fresser! Ich denke manchmal: ich ließe mich zehn Klafter unter der Erde in einen Kerker einsperren, zu dem kein Licht mehr dringt, wenn ich dafür erführe, was das ist: Licht. Und das Schlimmste: was ich weiß, muß ich weitersagen. Wie ein Liebender, wie ein Betrunkener, wie ein Verräter. Es ist ganz und gar ein Laster und führt ins Unglück. Wie lang werde ich es in den Ofen hineinschreien können – das ist die Frage.

DER KLEINE MÖNCH *zeigt auf eine Stelle in den Papieren:* Diesen Satz verstehe ich nicht.

GALILEI Ich erkläre ihn dir, ich erkläre ihn dir.

Aus: Bertolt Brecht: Leben des Galilei; Ausschnitt aus Szene 14. Suhrkamp Basisbibliothek I. Frankfurt a. M. 1998.

Hinweise und Tipps

Die Aufgabe verlangt die Interpretation eines Textauszugs. Voraussetzung dafür ist vor allem ein methodisches und terminologisches Instrumentarium zur Untersuchung dramatischer Werke. Bei einer Interpretation ist es wichtig, nicht nur **inhaltliche**, sondern auch **formal-gestalterische Aspekte** zu beachten. Diese gilt es in ihrer Funktion für den Inhalt zu deuten. Zu solchen Aspekten gehören beispielsweise die Verteilung der Redeanteile, die Verwendung von Stilmitteln oder auch der Nebentext.

Die Aufgabenstellung gibt Ihnen einen Hinweis, welchen Aspekt es in besonderem Maße zu behandeln gilt: die **von den Figuren vertretenen Weltbilder**. Achten Sie deshalb am besten schon bei der ersten Lektüre des Textes darauf, welche Weltbilder hinter den Figuren stehen. Für ein vertieftes Verständnis sollten Sie sich auch über die Voraussetzungen des Gesprächs klar werden. Lesen Sie dafür aufmerksam den **kursiv gedruckten Vortext**, der in das Drama und die Szene einführt.
Da es sich bei dem Dialogauszug um ein Streitgespräch handelt, ist es insbesondere erforderlich, auf die **Redestrategien** bzw. die **Argumentationsstruktur** einzugehen: Überlegen Sie dazu beispielsweise, wie die beiden Gesprächspartner ihre Positionen begründen und wie (bzw. ob) sie auf den/die anderen eingehen.

Bei diesem Dialog bietet es sich an, die Detailanalyse nicht aspektorientiert (d. h. geordnet nach verschiedenen Aspekten), sondern **entlang der Textchronologie** vorzunehmen: Indem Sie bei der Analyse dem Gesprächsverlauf folgen, können Sie besser die Argumentationen der Figuren und vor allem die **Veränderungen der Position des Mönchs** herausarbeiten.
Wenn Sie gattungstheoretische Besonderheiten der Brecht'schen Dramatik einfließen lassen können, ist dies besonders gut.

Lösungsvorschlag

Der vorliegende Textauszug stammt aus **Bertolt Brechts Drama „Leben des Galilei"** von **1939**, das wichtige Lebensstationen des berühmten Wissenschaftlers Galileo Galilei aus dem 16. und 17. Jahrhundert fiktionalisiert. In dem Auszug kommt im Gespräch eines Mönchs mit Galilei der für das Drama zentrale **Gegensatz** zwischen dem von der Kirche propagierten traditionellen **christlichen Weltbild** und dem von Galilei vertretenen modernen **naturwissenschaftlichen Weltbild** zum Ausdruck.

Einleitung mit Basisdaten zum Werk und Nennung des Themas des Auszugs

Anlass für das Gespräch ist das Vorhaben des Mönchs, Galilei von der weiteren Verbreitung seiner Theorien abzubringen. Für das Verständnis der Textstelle sind vor allem zwei Dinge wichtig – die **persönlichen Voraussetzungen** des Mönchs und die **spezielle Situation**, in der das Gespräch stattfindet: Denn der Mönch steht als Physiker, der sich für die Forschungen Galileis interessiert, der naturwissenschaftlichen Sicht nahe. Und der Disput der beiden Figuren spielt sich kurz nach dem Erlass eines **Dekrets** der Inquisition ab, das die **Lehre von Kopernikus**, dass die Erde nicht das Zentrum des Universums ist, **verbietet**. Das Gespräch führt zu einer **indirekten Entscheidung zugunsten der wissenschaftlichen Forschung**, wenn sich am Ende des Textauszuges der kleine Mönch – nach einem Appell an seine Ehre als Physiker – wieder in die Manuskripte Galileis vertieft.

Hauptteil

Anlass des Gesprächs …

… und wichtige Voraussetzungen für das Verständnis des Auszugs

Vorausschau auf das Ergebnis des Gesprächs

Der Dialogauszug beginnt mit einer **längeren Begründung** des Mönchs, warum er das „Dekret der Heiligen Kongregation" (Z. 12 f.) befürwortet. Nach dieser Begründung beherrscht Galilei das Gespräch mit **ausführlicheren Redeanteilen**, in denen er die Begründung des Mönchs zu **entkräften** versucht. Der Mönch wendet nur noch wenig ein, Galileis dominante und überlegene Ausführungen scheinen ihn mehr und mehr zu überzeugen.

Aufbau und Verlauf des Dialogs

Ausgehend von seiner eigenen Biografie „als Sohn von Bauern in der Campagna" (Z. 1 f.) erklärt der Mönch Galilei, dass es Regelhaftigkeit und Glaube an eine fest gefügte Ordnung seien, die dem Leben der **einfachen Leute Sinn und Halt verleihen**. Den widrigen Lebensumständen stünde wenigstens das Vertrauen in die kirchliche Lehre gegenüber, „daß das ganze Welttheater um sie aufgebaut ist, damit sie, die Agierenden, in ihren großen oder kleinen Rollen sich bewähren können" (Z. 4 f.). **Galileis wissenschaftliches Weltbild**, demgemäß die Erde – wie der Mönch **in einer Hyperbel dramatisierend** formuliert – nur ein „kleine[r] Steinklumpen" sei, der sich „unaufhörlich drehend im leeren Raum um ein anderes Gestirn bewegt" und „ziemlich unbedeutend[]" (Z. 6 f.) sei, **verunsichere das einfache Volk**. In **rhetorischen Fragen** (vgl. Z. 8–12) formuliert der Mönch seine These, dass das christ-

Detailanalyse

Begründung des Mönchs: Sinn und Halt für die einfachen Leute

Einbeziehung sprachlicher Mittel (Hyperbel)

Einbeziehung sprachlicher Mittel (rhetorische Frage)

liche Weltbild das Elend des Volkes erträglich mache, indem es Sinn gebe. Daraus **leitet er** schließlich seine Befürwortung des Dekrets der Heiligen Kongregation **ab:** Seiner Befürwortung Nachdruck verleihend schreibt er diesem gar **metaphorisch überhöhend** ein „edles mütterliches Mitleid" und „große Seelengüte" (vgl. Z. 13 f.) zu.

Einbeziehung sprachlicher Mittel (Metapher)

In seiner **Erwiderung** greift **Galilei** das Stichwort „Seelengüte" in einem offenbar empörten Ausruf auf, um die Position seines Gesprächspartners aus einem anderen Blickwinkel zu betrachten. Er wirft neue Fragen auf und lenkt so die Aufmerksamkeit auf die **politischen Hintergründe:** „Warum ist die Ordnung in diesem Land nur die Ordnung einer leeren Lade und die Notwendigkeit nur die, sich zu Tode zu arbeiten?" (Z. 17 f.) Während die Fragen des Mönchs rhetorisch waren, bietet Galilei Antworten an: So erklärt er die Not der Bauern mit den Ausgaben für Kriege und begründet das Festhalten des Papstes am alten Weltbild als Politikum: „Damit der Stuhl Petri im Mittelpunkt der Erde stehen kann!" (Z. 21 f.) Anstatt wie der Mönch das **christliche Weltbild** als Möglichkeit anzusehen, die widrigen gesellschaftlichen Umstände zu ertragen, entlarvt Galilei dieses als **Machtfaktor**, der diese Umstände mitzuverantworten hat. Die Erregung Galileis lässt sich unter anderem an den zahlreichen Ausrufezeichen in dieser Sequenz ablesen.

Galileis Erwiderung: Entlarvung der politischen Hintergründe für das christliche Weltbild

Einbeziehung der formalen Gestaltung (Ausrufezeichen)

Geschickt greift Galilei den **Ausgangspunkt** der Argumentation des Mönchs auf: Auch ihm liegen die „Campagnabauern" (Z. 19) offenbar am Herzen. Er weigert sich, diese anzulügen.

Galileis Argumentationsgeschick

Der Mönch geht im Unterschied zu Galilei auf seinen Gesprächspartner nicht ein, sondern **wiederholt** nur wenig überzeugend das Argument vom „Seelenfrieden Unglücklicher" (Z. 26). Wie sehr auch der Mönch von der Diskussion emotionalisiert ist, davon zeugt nicht nur der Nebentext, sondern auch die nachdrückliche Wortwahl des Mönchs: In *„großer Bewegung"* spricht er hyperbolisch von den „allerhöchsten Beweggründe[n], die uns schweigen machen müssen" (Z. 25 f.).

Mönch: lediglich Wiederholung seines Argumentes

Einbeziehung des Nebentextes und der sprachlichen Gestaltung (Hyperbel)

Dem hält der Forscher die **Bestechungsversuche** durch den Klerus entgegen, der Galilei nicht nur eine wertvolle Uhr schenkt, sondern auch „Wohlleben, keine Verfolgung etc." (Z. 32) verspricht, wenn er den einfachen Leuten ihren Seelenfrieden lasse.

Galileis Erwiderung: Klerikale Bestechungspraxis

Der Hinweis des Mönchs auf sein **Priestertum** leuchtet dem Dialogpartner nicht ein: „Sie sind auch Physiker." (Z. 34) Der Gedanke, es mit einem Eingeweihten und Gleichgesinnten zu tun zu haben, lässt Galilei hier sogar erstmalig in das vertrauliche „du" verfallen. Nachdem er kurz abschgeschweift ist, veranschaulicht er in Analogie zu Horaz, der sich beim Schreiben seiner Werke auch nicht hätte hineinreden lassen, dass eine Manipulation des Weltbildes seinen „Schönheitssinn" (Z. 48) verletze. Nach diesem kurzen

Galileis Entkräftung eines Hinweises des Mönchs

Einbeziehung sprachlicher Mittel („du")

Exkurs kehrt Galilei zu dem praktischen Nutzen seiner wissenschaftlichen Forschungen zurück und hält in Beispielen den „Bedürfnissen der Kurie“ (Z. 52) die **Wahrheit naturwissenschaftlicher Erkenntnisse** entgegen (vgl. Z. 49–54), die man **nicht** einfach auf **politisches Geheiß** nach Belieben **ändern könne**.

Argument der Wahrheit gegen Willkür der Kirche

Der Mönch ist von den Ausführungen Galileis offenbar so beeindruckt, dass er nun keine in rhetorische Fragen gekleideten Thesen mehr aufstellt, sondern eine **vorsichtige Frage** formuliert, die eine Antwort verlangt. Er verlegt sich darauf, nur noch die eigene Rolle bei der Wahrheitsfindung zu problematisieren: „Und Sie meinen nicht, daß die Wahrheit, wenn es Wahrheit ist, sich durchsetzt, auch ohne uns?“ (Z. 55 f.) Es ist bezeichnend, dass der Mönch sich hier wie schon zuvor des Pronomens „uns“ bedient – vermutlich ohne es zu wollen, bekundet er damit die Gemeinsamkeit mit Galilei, die naturwissenschaftliche Wahrheit zu kennen.

Zwischenfrage des Mönchs

Einbeziehung sprachlicher Mittel (Pronomen)

Galilei antwortet mit einer dreifachen Verneinung (vgl. Z. 57), die von der Vehemenz der **wissenschaftlichen Selbstverpflichtung** zeugt, die Galilei empfindet: „Es setzt sich nur so viel Wahrheit durch, als wir durchsetzen; der Sieg der Vernunft kann nur der Sieg der Vernünftigen sein.“ (Z. 57 f.) In aller Klarheit lässt der Autor Brecht seine Titelfigur eine Kernaussage artikulieren, nämlich die **Verantwortung des Wissenschaftlers für die Durchsetzung des als Wahrheit Erkannten** – und zwar gerade nicht gegen die Bedürfnisse des einfachen Volkes, sondern in dessen Interesse. Indirekt **fordert** Galilei den **Widerstand des Volkes** gegen die sozialen Verhältnisse: Dem technischen Fortschritt (vgl. Z. 62: „Bewässerungsanlagen“) stellt er hier implizit den gesellschaftlichen Fortschritt hin zur **Selbstbestimmung** und hin zur **Emanzipation des Denkens** zur Seite (vgl. Z. 61). Und ein weiteres Mal flucht der Forscher in **großer Erregung:** „Zum Teufel, ich sehe die göttliche Geduld Ihrer Leute, aber wo ist ihr göttlicher Zorn?“ (Z. 62 f.)

Einbeziehung sprachlicher Mittel (Wiederholung der Verneinung)

Galileis Kernaussagen: Verantwortung des Wissenschaftlers und Aufruf zum Widerstand gegen die Unterdrückung

Der Mönch verteidigt „seine Leute“ damit, dass sie müde seien. Anstatt hierauf direkt zu reagieren, verlegt sich Galilei darauf, seinen Gesprächspartner zu ködern, indem er ihm einen Packen Manuskripte hinwirft, ihn aber paradoxerweise dazu auffordert, diese nicht zu lesen (vgl. Z. 67). Er spürt offenbar, dass er den Disput gewonnen hat und dass es nun nur noch eines kleinen Impulses bedarf, um den **Mönch** für die **Forschung zu begeistern**. Als äußeres Zeichen der gemeinsamen Denkweise kehrt er auch zum vertrauten Duzen zurück. Der **kleine Mönch** liest – das **wissenschaftliche Interesse ist größer als die religiösen Skrupel**. Galilei kommentiert die Situation unter Zuhilfenahme eines **biblischen Motivs:** „Ein Apfel vom Baum der Erkenntnis!“ (Z. 69) Sinnlich und lustbetont erfüllt ihn das Forschen und Lehren, aber er weiß auch um die Gefahren: „[W]as ich weiß, muß ich weitersagen. Wie ein Lie-

Galileis Änderung der Strategie: „Ködern“ statt Argumentation

Einbeziehung der sprachlichen Gestaltung („Duzen“)

Einbeziehung der motivischen Gestaltung

bender, wie ein Betrunkener, wie ein Verräter. Es ist ganz und gar ein Laster und führt ins Unglück.“ (Z. 73 f.) Aber es zählt nur der Augenblick; der Mönch versteht einen Satz nicht und Galilei wird dem Wissbegierigen bereitwillig Auskunft geben.

Schluss

Zusammenfassung und Erweiterung des Blicks: Brechts episches Theater und Brechts Intention

In dem Dialog lässt der Autor Bertolt Brecht zwei unterschiedliche Weltbilder aufeinandertreffen. Die argumentative Auseinandersetzung führt dazu, dass der kleine Mönch sich von den Positionen Galileis überzeugen lässt. Sachkenntnis und Vernunft siegen über einen missbrauchten Glauben. Es ist typisch für Brechts episches Theater, dass er den Menschen – hier in Gestalt des Mönchs – als veränderbar darstellt. Der Mönch wandelt sich vom Anwalt des alten Weltbildes zu einer nach Erkenntnis strebenden Figur. Und der **Galileo Galilei** des Schauspiels zeigt sich hier als **Sprachrohr des Marxisten und Kommunisten Brecht**, indem er sowohl das klerikale Machtkalkül entlarvt als auch die Aktivität der einfachen Leute fordert.

Checkliste

Aspekt	Ja	Teil- weise	Nein	Weiß nicht
AUFBAU				
Habe ich eine Einleitung mit allen wesentlichen Rahmeninformationen zum Werk formuliert?	☐	☐	☐	☐
Habe ich einen geeigneten Schlussteil verfasst (z. B. mit einer Zusammenfassung wichtiger Ergebnisse oder einer Erweiterung des Blicks auf weitere Zusammenhänge)?	☐	☐	☐	☐
Ist mein Aufsatz klar strukturiert?	☐	☐	☐	☐
ANALYSE				
Folgt meine Auseinandersetzung mit der zu analysierenden Textstelle einem konsequenten Aufbau?	☐	☐	☐	☐
Ist meine Interpretation der zu analysierenden Textstelle klar und ohne Widersprüche?	☐	☐	☐	☐
Habe ich den besonderen Fokus der Aufgabenstellung (die von den Figuren vertretenen Weltbilder) berücksichtigt?	☐	☐	☐	☐
Habe ich die sprachliche und rhetorische Gestaltung berücksichtigt?	☐	☐	☐	☐
Habe ich die inhaltlichen und sprachlich-rhetorischen Befunde sinnvoll miteinander verknüpft?	☐	☐	☐	☐
Habe ich meine Behauptungen am Text begründet?	☐	☐	☐	☐
Habe ich meine Befunde mit Textverweisen/-zitaten belegt?	☐	☐	☐	☐
SPRACHE UND STIL				
Habe ich abwechslungsreich und differenziert formuliert?	☐	☐	☐	☐
Habe ich sachlich, d. h. nicht umgangssprachlich oder übertreibend, formuliert?	☐	☐	☐	☐
Habe ich zutreffende und präzise Fachbegriffe verwendet?	☐	☐	☐	☐

Klausuren Deutsch
Übungsaufgabe 4 – Interpretation einer Dramenszene

Aufgaben

Gewichtung

1. Analysieren Sie die vorliegende Szene aus Schillers Drama *Maria Stuart* (1800) hinsichtlich der Frage, wie die Titelheldin ihren Untergebenen angesichts ihrer bevorstehenden Hinrichtung entgegentritt. 80 %

   Vorbemerkung zu Aufgabe 1: Um sich den Kontext des Dramenauszugs zu vergegenwärtigen, ist es sinnvoll, zunächst die Inhaltsangabe zu lesen, die dem Auszug vorangestellt ist.

2. Nach einer gängigen Auslegung der Schillerschen Abhandlung *Über das Erhabene* (1801) ist für Schiller ein Mensch dann frei, wenn er „in keinem Fall etwas gegen seinen Willen" erleidet. Hierfür muss der Mensch entweder der „Natur als Macht überlegen" oder „einstimmig mit derselben" sein, d. h. den Lauf der Dinge zu seinem eigenen Willen machen, um diesen nicht mehr als Gewalt zu erleben. Schillers Begriff der Natur kann hier im erweiterten Sinne auch auf andere äußere Zwänge als rein natürliche Zwänge bezogen werden.
   Prüfen Sie unter Rückbezug auf den Dramenauszug, ob Maria Stuart diesem Verständnis nach als frei gelten darf. 20 %

Friedrich Schiller: *Maria Stuart* – Inhaltsangabe zur Vergegenwärtigung des Szenenkontextes

Friedrich Schiller verarbeitet in seinem Drama *Maria Stuart* den historischen Konflikt zwischen der schottischen Königin Maria Stuart und der englischen Königin Elisabeth I. zu einem Trauerspiel, das mit Marias Hinrichtung endet.

Vorgeschichte: Aufgrund ihrer Verstrickung in die Ermordung ihres Gatten flüchtet Maria Stuart 1568 nach England und ersucht Elisabeth I. um Schutz. Da Maria aber einen legitimen Anspruch auf den englischen Thron hat und Elisabeth von vielen englischen Katholiken als unrechtmäßige Thronfolgerin angesehen wird, fürchtet diese um ihre Macht – sie lässt Maria verhaften und hält sie fortan 19 Jahre lang in einem Schloss gefangen. Schillers Stück setzt drei Tage vor Marias Hinrichtung ein.

Dramenhandlung: Maria steht aufgrund ihrer weiblichen Reize in der Gunst vieler Männer – mit dem Grafen von Leicester und Mortimer bemühen sich gleich zwei Verehrer um Marias Liebe. Der leidenschaftliche Mortimer weiht den opportunistischen Leicester, der eine Liebesbeziehung zu Elisabeth unterhält, in seinen Plan ein, Maria – wenn nötig mit Gewalt – aus der Gefangenschaft zu befreien. In einem von Leicester arrangierten Treffen will Maria die englische Königin wohlwollend stimmen, um ihre Hinrichtung abzuwenden. Diese möchte das Gespräch aber vorrangig

dazu nutzen, ihre Konkurrentin menschlich zu erniedrigen. So tritt Maria der englischen Königin zunächst unterwürfig entgegen, erhebt sich letztlich aber wortgewaltig gegen die Demütigungen durch die englische Königin. Die Aussöhnung scheitert, der Konflikt zwischen den Königinnen verschärft sich.
Nach einem missglückten Mordanschlag auf Elisabeth bringt Mortimer sich um. Auch auf Leicester als Verbündeten am englischen Hof kann Maria nicht länger zählen. Elisabeth sieht nach dem fehlgeschlagenen Anschlag Handlungsbedarf und unterzeichnet Marias Todesurteil, um ihre Regentschaft zu sichern. Die Vollstreckung des Urteils treibt der Baron von Burleigh voran. Maria stirbt auf dem Schafott, während sich Elisabeths Berater, ihr taktisches Kalkül erkennend, von dieser abwenden.
Die Handlung der vorliegenden Szene spielt sich unmittelbar vor der Hinrichtung in einem von Marias Zimmern ab, in dem sich ihre Bediensteten versammelt haben.

Friedrich Schiller (1759–1805)
Maria Stuart (1800), Szene V,6

Die Vorigen. Maria. Sie ist weiß und festlich gekleidet, am Halse trägt sie an einer Kette von kleinen Kugeln ein Agnus Dei[1], ein Rosenkranz hängt am Gürtel herab, sie hat ein Kruzifix[2] in der Hand, und ein Diadem[3] in den Haaren, ihr großer schwarzer Schleier ist zurückgeschlagen. Bei ihrem Eintritt weichen die Anwesenden zu beiden Seiten zurück, und drücken den heftigsten Schmerz aus. Melvil ist mit einer unwillkürlichen Bewegung auf die Knie gesunken.

Maria *(mit ruhiger Hoheit im ganzen Kreise herumsehend).*
Was klagt ihr? Warum weint ihr? Freuen solltet
Ihr euch mit mir, dass meiner Leiden Ziel
Nun endlich naht, dass meine Bande[4] fallen,
Mein Kerker aufgeht, und die frohe Seele sich
Auf Engelsflügeln schwingt zur ew'gen Freiheit.
Da, als ich in die Macht der stolzen Feindin
Gegeben war, Unwürdiges erduldend,
Was einer freien großen Königin
Nicht ziemt, da war es Zeit, um mich zu weinen!
– Wohltätig, heilend, nahet mir der Tod,
Der ernste Freund! Mit seinen schwarzen Flügeln
Bedeckt er meine Schmach – den Menschen adelt,
Den tiefstgesunkenen, das letzte Schicksal.
Die Krone fühl ich wieder auf dem Haupt,
Den würd'gen Stolz in meiner edeln Seele!
(Indem sie einige Schritte weiter vortritt.)
Wie? Melvil hier? – Nicht also, edler Sir!
Steht auf! Ihr seid zu Eurer Königin
Triumph, zu ihrem Tode nicht gekommen.
Mir wird ein Glück zuteil, wie ich es nimmer
Gehoffet, dass mein Nachruhm doch nicht ganz

In meiner Feinde Händen ist, dass doch
Ein Freund mir, ein Bekenner meines Glaubens
Als Zeuge dasteht in der Todesstunde.
– Sagt, edler Ritter! Wie erging es Euch,
In diesem feindlichen, unholden Lande,
Seitdem man Euch von meiner Seite riss?
Die Sorg um Euch hat oft mein Herz bekümmert.

MELVIL. Mich drückte sonst kein Mangel, als der Schmerz
Um dich, und meine Ohnmacht, dir zu dienen!

MARIA. Wie steht's um Didier, meinen alten Kämmrer?
Doch der Getreue schläft wohl lange schon
Den ew'gen Schlaf, denn er war hoch an Jahren.

MELVIL. Gott hat ihm diese Gnade nicht erzeigt,
Er lebt, um deine Jugend zu begraben.

MARIA. Dass mir vor meinem Tode noch das Glück
Geworden wäre, ein geliebtes Haupt
Der teuern Blutsverwandten zu umfassen!
Doch ich soll sterben unter Fremdlingen,
Nur eure Tränen soll ich fließen sehn!
– Melvil, die letzten Wünsche für die Meinen
Leg ich in Eure treue Brust – Ich segne
Den allerchristlichsten König, meinen Schwager,
Und Frankreichs ganzes königliches Haus –
Ich segne meinen Öhm[5], den Kardinal,
Und Heinrich Guise, meinen edlen Vetter.
Ich segne auch den Papst, den heiligen
Statthalter Christi, der mich wieder segnet,
Und den kathol'schen König, der sich edelmütig
Zu meinem Retter, meinem Rächer anbot –
Sie alle stehn in meinem Testament,
Sie werden die Geschenke meiner Liebe,
Wie arm sie sind, darum gering nicht achten.
(Sich zu ihren Dienern wendend.)
Euch hab ich meinem königlichen Bruder
Von Frankreich anempfohlen, er wird sorgen
Für euch, ein neues Vaterland euch geben.
Und ist euch meine letzte Bitte wert,
Bleibt nicht in England, dass der Brite nicht
Sein stolzes Herz an eurem Unglück weide,
Nicht die im Staube seh, die mir gedient.
Bei diesem Bildnis des Gekreuzigten
Gelobet mir, dies unglücksel'ge Land
Alsbald, wenn ich dahin bin, zu verlassen!

MELVIL *(berührt das Kruzifix).*
Ich schwöre dir's, im Namen dieser aller.

MARIA. Was ich, die Arme, die Beraubte, noch besaß,
Worüber mir vergönnt ist frei zu schalten,
Das hab ich unter euch verteilt, man wird,
Ich hoff es, meinen letzten Willen ehren.
Auch was ich auf dem Todeswege trage,
Gehöret euch – Vergönnet mir noch einmal
Der Erde Glanz auf meinem Weg zum Himmel!
(Zu den Fräulein.)
Dir, meine Alix, Gertrud, Rosamund,
Bestimm ich meine Perlen, meine Kleider,
Denn eure Jugend freut sich noch des Putzes.
Du, Margareta, hast das nächste Recht
An meine Großmut, denn ich lasse dich
Zurück als die Unglücklichste von allen.
Dass ich des Gatten Schuld an dir nicht räche,
Wird mein Vermächtnis offenbaren – Dich,
O meine treue Hanna, reizet nicht
Der Wert des Goldes, nicht der Steine Pracht,
Dir ist das höchste Kleinod[6] mein Gedächtnis.
Nimm dieses Tuch! Ich hab's mit eigner Hand
Für dich gestickt in meines Kummers Stunden
Und meine heißen Tränen eingewoben.
Mit diesem Tuch wirst du die Augen mir verbinden,
Wenn es so weit ist – diesen letzten Dienst
Wünsch ich von meiner Hanna zu empfangen.
KENNEDY. O Melvil! Ich ertrag es nicht!
MARIA. Kommt alle!
Kommt und empfangt mein letztes Lebewohl.
(Sie reicht ihre Hände hin, eins nach dem andern fällt ihr zu Füßen und küsst die dargebotne Hand unter heftigem Weinen.)
Leb wohl, Margreta – Alix, lebe wohl –
Dank Bourgoyn, für Eure treuen Dienste –
Dein Mund brennt heiß, Gertrude – Ich bin viel
Gehasset worden, doch auch viel geliebt!
Ein edler Mann beglücke meine Gertrud,
Denn Liebe fodert dieses glühnde Herz –
Berta! Du hast das bessre Teil erwählt,
Die keusche Braut des Himmels willst du werden!
O eile, dein Gelübde zu vollziehn!
Betrüglich sind die Güter dieser Erden,
Das lern an deiner Königin! – Nichts weiter!
Lebt wohl! Lebt wohl! Lebt ewig wohl!
(Sie wendet sich schnell von ihnen, alle, bis auf Melvil, entfernen sich.)

Aus: Friedrich Schiller, „Maria Stuart". Stuttgart: Reclam 2001.

Anmerkungen:
1 *Agnus dei:* Lamm Gottes
2 *Kruzifix:* christliches Kreuz, das den Leib des Gekreuzigten trägt
3 *Diadem:* Stirnbinde (zum Zusammenhalten der Haare)
4 *Bande:* Fesseln
5 *Öhm:* Onkel
6 *Kleinod:* Schmuckstück

Hinweise und Tipps zu Teilaufgabe 1

Die erste Teilaufgabe verlangt eine **Detailanalyse** des vorliegenden Textauszugs, in der herauszuarbeiten ist, wie sich Maria Stuart angesichts ihrer bevorstehenden Hinrichtung ihren Untergebenen gegenüber verhält.

Der geforderten Analyse sollte eine **erste, konzentrierte Lektüre** vorangehen, die zunächst grundlegende Beobachtungen, z. B. zur Grundstimmung oder zur zentralen Fragestellung ermöglicht. Von derartigen, noch sehr allgemeinen Befunden ausgehend, lässt sich die anschließende Detailanalyse wesentlich zielgerichteter durchführen. Mögliche Fragen, die durch die erste Lektüre aufgeworfen werden könnten, wären beispielsweise:

- Wieso tritt Maria, die bislang von Todesfurcht erfüllt gewesen ist und diverse Versuche unternommen hat, ihrer Verurteilung zu entgehen, ebenjener nun so feierlich und mutig entgegen?
- Woher bezieht sie die Kraft, die Anwesenden zu trösten?

Die **Detailanalyse** eines Dramentextes erfordert neben der Auseinandersetzung mit **inhaltlichen und sprachlichen Aspekten** auch eine Berücksichtigung der **Bühnenanweisungen und der Dialoggestaltung bzw. -anteile:** Stellt beispielsweise eine Figur hauptsächlich Fragen, auf die ihr Gegenüber fügsam antwortet, oder treten die Figuren in gleichmäßig verteilten Redepassagen gleichberechtigt einander gegenüber, verrät dies wichtige Details über die Beziehung zwischen ihnen, aber auch über ihre Charaktereigenschaften oder Gemütszustände.
Ihre Befunde sind zu einem gedanklichen Ganzen zu verweben und am Text zu belegen. Dabei gilt es, inhaltliche und sprachliche Aspekte nicht isoliert voneinander zu betrachten, sondern aufeinander zu beziehen. Bei einem solch komplexen Text ist es im Rahmen einer Klausur kaum möglich, alle Einzelheiten der Textgestaltung oder jeden einzelnen Satz zu berücksichtigen. Konzentrieren Sie sich daher auf die aussagekräftigsten Elemente und fassen Sie Auffälligkeiten zusammen, die Sie dann nur exemplarisch belegen: So ist es beispielsweise nicht nötig, die Ausführungen in Z. 49–60 im Detail zu untersuchen. Hier genügt es, das christliche Vokabular als ein besonderes Merkmal von Marias Sprache hervorzuheben und zu deuten.

Der eigentlichen Analyse sollte eine knappe **Einleitung** vorangehen, die über das zugrundeliegende Werk, den Autor, den Entstehungszeitpunkt und das Thema Aufschluss gibt. Für die Detailanalyse ist es hilfreich, die Textstelle zunächst in Sinnesabschnitte zu gliedern. Der Analyse sollte am Ende ein **Schlussteil** angefügt werden – darin können Sie beispielsweise in einem kurzen Fazit die wesentlichen Ergebnisse noch einmal prägnant und zusammenfassend darlegen.

Lösungsvorschlag zu Teilaufgabe 1

Friedrich Schiller greift in seinem im Jahr 1800 uraufgeführten **klassischen Drama** *Maria Stuart* auf den historischen Konflikt zwischen der schottischen Königin Maria Stuart und der englischen Königin Elisabeth I. zurück. Das Stück fiktionalisiert die letzten drei Tage vor Maria Stuarts Hinrichtung.

Einleitung mit Basisinformationen

In der zu interpretierenden Textstelle tritt Maria ein letztes Mal vor der Vollstreckung des Todesurteils vor ihre Untergebenen, um Abschied zu nehmen. Die Szene lässt sich in vier Abschnitte gliedern: In der ersten, bis Z. 31 reichenden Textpassage verleiht Maria ihrer **überraschenden Freude** über ihr unmittelbar bevorstehendes Schicksal Ausdruck. Im zweiten Abschnitt (Z. 32–47) erkundigt sie sich, wie es dem soeben eingetroffenen Melvil und ihrem ehemaligen Kämmrer Didier geht, um dann im dritten Abschnitt (Z. 48–71) ihren letzten Willen zu formulieren. In den verbleibenden Versen der Szene (Z. 72–116) schließlich nimmt sie einzeln und sehr individuell Abschied von ihren Untergebenen.

Gliederung der Textstelle in Sinnabschnitte

Analyse

Marias feierliches Auftreten

Berücksichtigung des Nebentextes

Als Maria im sechsten Auftritt des fünften Aufzuges die Szene betritt, scheint jegliche Todesangst, die sie über das bisherige Stück hinweg begleitet hat, aus ihr gewichen – *„weiß und festlich gekleidet“*, diverse Zeichen ihres Glaubens tragend und *„mit ruhiger Hoheit im ganzen Kreise herumsehend“* (Z. 1–7) fragt sie ihre Untergebenen: „Was klagt ihr? Warum weint ihr?“ (Z. 8) Marias Fragen darf die **suggestive Absicht** unterstellt werden, die im Anschluss zum Ausdruck kommende Freude über das eigene Ende als selbstverständlich erscheinen zu lassen. Nicht nur für den Zuschauer, der die tragische Heldin des Stücks bereits verloren wähnt und eine gebrochene Frau erwartet, ist diese Eröffnung des Gesprächs überraschend. Auch die anwesenden Vertrauten haben offenbar nicht damit gerechnet, dass die Totgeweihte ihnen so gegenübertritt.

Bezug zur Erwartung des Zuschauers

Trauer um ihre Person sei unangebracht, so Maria, denn ihr Tod sei ihrer „Leiden Ziel“, das Tor „zur ew'gen Freiheit“, die sie in ihrem Glauben findet, ein „Triumph“ und ihr „Weg zum Himmel“ (Z. 9, 12, 26, 80). Sie begreift ihr Todesurteil nicht als Niederlage und weist dementsprechend ihren demütig und bewegt auf dem Boden kauernden Haushofmeister Melvil an, sich zu erheben: „Nicht also, edler Sir! / Steht auf!“ (Z. 24 f.) Das Adverb „endlich“ (Z. 10) ist Ausdruck eines lange gehegten, sehnlichen **Wunsches nach Erlösung**, der letztlich doch noch Erfüllung findet. Maria begreift „das letzte Schicksal“ (Z. 20) nicht mehr als Gegner, der ihr Vernichtung bringt. Der bevorstehende Tod ist vielmehr positiv besetzt, wie schon die Wortwahl verdeutlicht: Maria nimmt ihn als „[w]ohltätig[en], heilend[en] […] Freund“ (Z. 17 f.) wahr, der sie aus den Fesseln ihrer Gefangenschaft befreit, sie „adelt“ (Z. 19) und ihr so-

Marias Umdeutung des Todes

Berücksichtigung der sprachlichen Gestaltung (Adverb)

mit ihre **königliche Würde** zurückgibt, die sie in der langjährigen Gefangenschaft eingebüßt hat („Unwürdiges erduldend", Z. 14): „Die Krone fühl ich wieder auf dem Haupt, / Den würd'gen Stolz in meiner edeln Seele!" (Z. 21 f.) Die **Umdeutung und Aufwertung des Todes** wird in Marias bildreichen Worten „Mit seinen schwarzen Flügeln / Bedeckt er meine Schmach" (Z. 18 f.) besonders eindringlich umgesetzt, da die für gewöhnlich negativ besetzten Todesschwingen eine positive Funktion erhalten: Sie bedecken – das Verb selbst steht für **Geborgenheit und Schutz** – Marias Schande und entziehen sie somit jeglichem weiteren Zugriff durch ihre Schänder. Mittels des imperativisch verwendeten Modalverbs „solltet" (Z. 8) fordert Maria deshalb ihre Untergebenen dazu auf, eine andere Perspektive auf die bevorstehende Hinrichtung einzunehmen: „Freuen" (Z. 8) sollen sich ihre Bediensteten. Die Inversion – das Verb steht hier am Beginn des Satzes – und die durch den Versumbruch bedingte Alleinstellung des Satzbeginns verleihen Marias Anliegen dabei besonderes Gewicht.

Berücksichtigung der sprachlichen Gestaltung (bildreiche Worte) und deren Deutung

Berücksichtigung der sprachlichen Gestaltung (Inversion) und deren Deutung

Aus der Trostsuchenden wird in der Folge die Erlöste, die **Trostspendende**, die sich nun ausschließlich um das **Wohl ihrer Untertanen** sorgt, die sie zurücklässt. Maria agiert nun durchweg **aktiv**, was auch ihre **großen Redeanteile** in der beinahe monologisch gestalteten Szene belegen: Lediglich Melvil und Marias Amme Kennedy kommen noch zu Wort – ihre Redeanteile sind allerdings verschwindend gering und stellen lediglich Reaktionen auf die Äußerungen ihrer Königin dar. So erkundigt sich Maria nach dem Befinden Melvils sowie ihres Kämmerers Didier (vgl. Z. 38 ff.) und formuliert testamentarisch „die letzten Wünsche für die Meinen" (Z. 48), die „ein neues Vaterland" (Z. 64) beim König von Frankreich finden sollen. Wie sehr ihr das Glück ihrer Untertanen am Herzen liegt, verdeutlicht sie, wenn sie Melvil beim „Bildnis des Gekreuzigten" (Z. 69) zum **Schwur vor Gott** auffordert: „Gelobet mir, dies unglücksel'ge Land / Alsbald, wenn ich dahin bin, zu verlassen!" (Z. 70 f.) Zugleich bringt sie hiermit nochmals ihre Geringschätzung Englands und der Königin Elisabeth zum Ausdruck, die ihr die Würde genommen hat. Maria verschenkt überdies ihr gesamtes Hab und Gut (vgl. Z. 74 ff.), unter anderem ein „mit eigner Hand" und unter „heißen Tränen" (Z. 93 ff.) gewebtes Tuch – ein sehr intimes Geschenk, was das persönliche Fürwort in „[f]ür dich" (Z. 94) zusätzlich unterstreicht. Darüber hinaus vermacht sie auch das, was sie „auf dem Todeswege" (Z. 78) tragen wird, ihren Hinterbliebenen – ein klares Zeichen ihres völligen **Loslassens vom Irdischen**, das sie warnend als „[b]etrüglich" (Z. 113) charakterisiert; im selben Atemzug lobt sie Bertas Keuschheit in Form eines Komparativs („das bessre Teil", Z. 110) und räumt damit selbstkritisch ihre eigenen **Verfehlungen im Diesseits**, jene weltlichen Verlo-

Maria als Trostspendende

Berücksichtigung der Redeanteile

Symbolische Deutung

ckungen ein, denen sie sich nicht hat entziehen können. Nicht nur hier, sondern beispielsweise auch in einem vorangehenden Abschnitt (Z. 49–58), der förmlich mit **christlichem Vokabular** durchsetzt ist (vgl. z.B. Z. 50, Z. 54 f.), wird Marias **ausgeprägter Glaube** deutlich, der ihr die nötige Kraft verleiht, den letzten Weg in Würde zu beschreiten.

Berücksichtigung der sprachlichen Gestaltung und deren Deutung

Maria tritt ihren Bediensteten zum Abschied in Offenheit und Dankbarkeit entgegen, *„reicht [allen] ihre Hände hin“* (Z. 102) und hebt damit jegliche Distanz auf, die ein einseitiges Herrschaftsverhältnis charakterisieren würde. Sie nennt ihre Untergebenen beim Namen und formuliert Wünsche für jeden Einzelnen (vgl. Z. 82–114), wodurch sie ihrer Achtung der jeweiligen **Individualität** Ausdruck verleiht. Maria schließt mit der Abschiedsformel „Lebt wohl!“ (Z. 115), deren dreifache Wiederholung die Emotionalität des Abschieds unterstreicht. Das zuletzt ergänzte Adverb „ewig“ deutet dabei auf die Endgültigkeit ihres Schicksals hin, wie auch – erneut – auf ihre große Sorge um das Wohlergehen der Zurückbleibenden.

Marias individueller Abschied

Berücksichtigung der sprachlichen Gestaltung (Wiederholung)

Dass sie sich letztlich *„schnell“* (Z. 116) von ihren Untertanen abwendet, kann als Indiz für die **hohe Emotionalität** gewertet werden, die die schottische Königin im Augenblick des Abschieds von ihren Geliebten zweifellos erfüllen muss. Die zuvor mit einem klagenden Ausruf einsetzende Äußerung ihrer Amme Kennedy („O Melvil! Ich ertrag es nicht!“, Z. 99) unterstreicht diese Annahme. Dass Maria aber dennoch bis zuletzt ihre Gefühle kontrolliert und lieber Trost spendet, als ihren Emotionen freien Lauf zu lassen, darf als Beleg ihrer königlichen **Selbstlosigkeit und Größe** gelten.

Berücksichtigung des Nebentextes

Maria widerspricht im vorliegenden Textauszug allen Erwartungen an eine Todgeweihte, wenn sie im Angesicht ihres nahenden Endes nicht nur die Fassung bewahrt, sondern ihrer Hinrichtung als Befreiung von allem irdischen Leiden sogar feierlich entgegenschreitet. Ihr Verhalten gegenüber ihren Untertanen ist geprägt von völliger Selbstlosigkeit und Sorge um deren Zukunft. Damit entpuppt sie sich, im Gegensatz zu Elisabeth, als wahrhaft königlich – und als typische Figur der Weimarer Klassik, in deren Werken die Protagonisten meist zu Trägern eines Humanitäts- und Persönlichkeitsideals werden.

Fazit mit Zusammenfassung der Ergebnisse

Hinweise und Tipps zu Teilaufgabe 2

Die zweite Teilaufgabe fordert eine **Anwendung des Schiller'schen Verständnisses von menschlicher Freiheit**, wie es sich aus seiner Abhandlung *Über das Erhabene* ableiten lässt, **auf die Figur Maria Stuart**.
Die Aufgabenstellung enthält eine Erläuterung dieses Verständnisses. Lesen Sie diese deshalb mehrmals aufmerksam, denn sie stellt die **Grundlage** dar, auf der Sie prüfen können, ob Maria Stuart in Schillers Sinn als frei gelten kann. Es kann hilfreich sein, in dieser Erläuterung **wichtige Begriffe oder Wendungen** zu unterstreichen. Auch wenn Sie Schillers philosophische Überlegung nicht bis ins Detail durchdrungen haben, können Sie anhand dieser Unterstreichungen im Einzelnen prüfen, ob die Aussagen auf Maria zutreffen. So können Sie sich z. B. folgende **Hilfsfragen** ableiten:

- Erleidet Maria „etwas gegen ihren Willen"?
- Ist Maria der „Natur als Macht" (bzw. äußeren Zwängen) überlegen?
- Ist Maria „einstimmig" mit der „Natur als Macht" (bzw. mit dem äußeren Zwang)?
- Macht sich Maria den „Lauf der Dinge" zu ihrem „eigenen Willen"?

Greifen Sie bei der Beantwortung dieser Fragen auf die Teilergebnisse der Detailanalyse zurück, um so die eigene **Positionierung fundiert zu begründen**. Zuvor ist es sinnvoll, das eigene Verständnis der Schiller'schen Überlegung noch einmal kurz zusammenzufassen.

Lösungsvorschlag zu Teilaufgabe 2

Kurze Klärung des Schiller'schen Verständnisses von Freiheit

Für Friedrich Schiller ist der Mensch offenbar dann frei, wenn sein Wille **nicht an äußeren Zwängen scheitert**. Unter diesen Zwängen versteht er im engeren Sinne wohl unumgängliche Naturgewalten und -gesetze, beispielsweise den ewigen Kreislauf von Leben und Tod. Im weiteren Sinne meint er damit aber auch anderweitige Zwänge, denen sich der Mensch hilflos ausgeliefert sieht. Schiller zeigt **zwei Wege in die Freiheit** auf: Der eine wäre, die Natur bzw. die vorgenannten äußeren Zwänge tatsächlich zu **bezwingen**. So schützt sich der Mensch – ein einfaches Beispiel – durch Deiche vor Überflutungen. Der andere Weg wäre, die Natur bzw. die Zwänge bejahend **anzunehmen** und diese so nicht mehr als Gewalt zu empfinden.

Kurzer Rückbezug auf die Ergebnisse der vorangegangenen Analyse (als Grundlage des anschließenden Urteils)

Maria sieht sich im analysierten Textauszug mit der **Unausweichlichkeit des Todes** konfrontiert – es wäre nur allzu menschlich, angesichts des nahenden Endes in Verzweiflung zu geraten. Doch Maria **wertet** ihre Hinrichtung grundsätzlich **um:** Für sie ist ihr Tod nunmehr keine Strafe, sondern Erlösung von ihren irdischen Qualen und Befreiung aus ihrer fast zwei Jahrzehnte währenden Gefangenschaft. Die Sinnlosigkeit des Todes, der Raub des Lebens, verwandelt sich in **Sinnhaftigkeit**, der einst gefürchtete und bekämpfte Gegner wird zum „Freund“ (Z. 18).

Weil sie ihr Schicksal annimmt und es bejaht, nicht länger verzweifelt an ihrem Leben festhält und weil sie sich von allem Diesseitigen lossagt, kann **Maria in Schillers Sinn tatsächlich als frei gelten**. Sie beschreitet dabei nicht den oben genannten ersten Weg – sie versucht nicht mehr, der Gefangenschaft bzw. der Hinrichtung zu entgehen und so die Oberhand über die äußeren Zwänge zu erlangen. Sie wählt vielmehr den **zweiten Weg**, indem sie den Lauf der Dinge, die Unausweichlichkeit ihrer Hinrichtung, zu ihrem eigenen Willen macht und insofern einstimmig mit dem äußeren Zwang ist.

Prüfen der Aussage, ob Maria als frei gelten kann, …

… mit Begründung, in welcher Hinsicht dies der Fall ist

Die **Erhabenheit** über die bevorstehende Hinrichtung lässt Maria ihrer Gefangenschaft und ihren Entbehrungen zum Trotz ihre Königlichkeit zurückerlangen: „Die Krone fühl ich wieder auf dem Haupt, / Den würd’gen Stolz in meiner edeln Seele!“ (Z. 21 f.)

Abschluss

Checkliste zu Teilaufgabe 1

Aspekt	Ja	Teil-weise	Nein	Weiß nicht
Aufbau				
Habe ich eine Einleitung formuliert, die alle wesentlichen Rahmeninformationen zum vorliegenden Auszug enthält?	☐	☐	☐	☐
Habe ich einen geeigneten Schlussteil verfasst (z. B. mit einer Zusammenfassung wichtiger Ergebnisse oder einer Erweiterung des Blicks auf weitere Zusammenhänge)?	☐	☐	☐	☐
Ist mein Aufsatz klar strukturiert?	☐	☐	☐	☐
Analyse				
Folgt meine Auseinandersetzung mit der zu analysierenden Textstelle einem konsequenten Aufbau?	☐	☐	☐	☐
Ist meine Deutung der zu analysierenden Textstelle klar und ohne Widersprüche?	☐	☐	☐	☐
Habe ich meine Behauptungen zur Textstelle am Text begründet und belegt?	☐	☐	☐	☐
Habe ich die sprachliche und rhetorische Gestaltung berücksichtigt?	☐	☐	☐	☐
Habe ich die inhaltlichen und sprachlich-rhetorischen Befunde sinnvoll miteinander verknüpft?	☐	☐	☐	☐
Habe ich meine Behauptungen am Text begründet?	☐	☐	☐	☐
Habe ich meine Befunde mit Textverweisen/-zitaten belegt?	☐	☐	☐	☐
Sprache und Stil				
Habe ich abwechslungsreich und differenziert formuliert?	☐	☐	☐	☐
Habe ich sachlich, d. h. nicht umgangssprachlich oder übertreibend, formuliert?	☐	☐	☐	☐
Habe ich zutreffende und präzise Fachbegriffe verwendet?	☐	☐	☐	☐
Habe ich indirekte Zitate als solche kenntlich gemacht – beispielsweise durch den Gebrauch des Konjunktivs?	☐	☐	☐	☐

Checkliste zu Teilaufgabe 2

Aspekt	Ja	Teilweise	Nein	Weiß nicht
AUFBAU				
Habe ich eine Einleitung/Überleitung formuliert, die meine Erörterung der vorliegenden Frage vorbereitet?	☐	☐	☐	☐
Habe ich einen geeigneten Klausurabschluss verfasst (der z. B. den Blick noch einmal weitet)?	☐	☐	☐	☐
Sind meine Ausführungen klar strukturiert?	☐	☐	☐	☐
ERÖRTERUNG				
Folgt meine Erörterung der gestellten Frage einem konsequenten und nachvollziehbaren Aufbau?	☐	☐	☐	☐
Bin ich auf sämtliche Aspekte der Fragestellung (hier: des Schiller'schen Verständnisses von menschlicher Freiheit) eingegangen?	☐	☐	☐	☐
Habe ich sämtliche meiner Behauptungen ausreichend begründet?	☐	☐	☐	☐
Habe ich Rückbezüge zur zuvor analysierten Textstelle hergestellt?	☐	☐	☐	☐
SPRACHE UND STIL				
Habe ich abwechslungsreich und differenziert formuliert?	☐	☐	☐	☐
Habe ich sachlich, d. h. nicht umgangssprachlich oder übertreibend, formuliert?	☐	☐	☐	☐
Habe ich indirekte Zitate bzw. Fremdmeinungen als solche kenntlich gemacht – beispielsweise durch den Gebrauch des Konjunktivs?	☐	☐	☐	☐

Klausuren Deutsch
Übungsaufgabe 5 – Interpretation eines epischen Textes

Aufgabe

Untersuchen Sie, wie die Figuren und Figurengruppen in Ilse Aichingers Text *Das Fenster-Theater* charakterisiert werden, und gehen Sie auf die Erzählperspektive und die Erzählhaltung ein. Deuten Sie vor diesem Hintergrund den Text. Prüfen Sie dabei – ausgehend vom Titel des Textes –, inwiefern man ihm eine allegorische Auslegung in Bezug auf die Kunst abgewinnen kann.

Vertiefende Zusatzaufgabe:
Setzen Sie Aichingers Text zur Gattung der Kurzgeschichte in Beziehung.

Ilse Aichinger (geb. 1921)
Das Fenster-Theater (1949)

Die Frau lehnte am Fenster und sah hinüber. Der Wind trieb in leichten Stößen vom Fluß herauf und brachte nichts Neues. Die Frau hatte den starren Blick neugieriger Leute, die unersättlich sind. Es hatte ihr noch niemand den Gefallen getan, vor ihrem Haus niedergefahren zu werden. Außerdem wohnte sie im vorletzten Stock, die Straße lag zu tief unten. Der Lärm rauschte nur mehr leicht herauf. Alles lag zu tief unten. Als sie sich eben vom Fenster abwenden wollte, bemerkte sie, daß der Alte gegenüber Licht angedreht hatte. Da es noch ganz hell war, blieb dieses Licht für sich und machte den merkwürdigen Eindruck, den aufflammende Straßenlaternen unter der Sonne machen. Als hätte einer an seinen Fenstern die Kerzen angesteckt, noch ehe die Prozession die Kirche verlassen hat. Die Frau blieb am Fenster.

Der Alte öffnete und nickte herüber. Meint er mich? dachte die Frau. Die Wohnung über ihr stand leer, und unterhalb lag eine Werkstatt, die um diese Zeit schon geschlossen war. Sie bewegte leicht den Kopf. Der Alte nickte wieder. Er griff sich an die Stirne, entdeckte, daß er keinen Hut aufhatte, und verschwand im Innern des Zimmers.

Gleich darauf kam er in Hut und Mantel wieder. Er zog den Hut und lächelte. Dann nahm er ein weißes Tuch aus der Tasche und begann zu winken. Erst leicht und dann immer eifriger. Er hing über die Brüstung, daß man Angst bekam, er würde vornüberfallen. Die Frau trat einen Schritt zurück, aber das schien ihn nur zu bestärken. Er ließ das Tuch fallen, löste seinen Schal vom Hals – einen großen bunten Schal – und ließ ihn aus dem Fenster wehen. Dazu lächelte er. Und als sie noch einen weiteren Schritt zurücktrat, warf er den Hut mit einer heftigen Bewegung ab und wand den Schal wie einen Turban um seinen Kopf. Dann kreuzte er die Arme über der Brust und verneigte sich. Sooft er aufsah, kniff er das linke Auge zu, als herrsche zwischen ihnen ein geheimes Einverständnis. Das bereitete ihr so lange Vergnügen, bis sie plötzlich nur mehr seine Beine in dünnen, geflickten Samthosen in die Luft ragen sah. Er stand auf dem Kopf. Als sein Gesicht gerötet, erhitzt und freundlich wieder auftauchte, hatte sie schon die Polizei verständigt.

Und während er, in ein Leintuch gehüllt, abwechselnd an beiden Fenstern erschien, unterschied sie schon drei Gassen weiter über dem Geklingel der Straßenbahnen und dem gedämpften Lärm der Stadt das Hupen des Überfallautos. Denn ihre Erklärung hatte nicht sehr klar und ihre Stimme erregt geklungen. Der alte Mann lachte jetzt, so daß sich sein Gesicht in tiefe Falten legte, streifte dann mit einer vagen Gebärde darüber, wurde ernst, schien das Lachen eine Sekunde lang in der hohlen Hand zu halten und warf es dann hinüber. Erst als der Wagen schon um die Ecke bog, gelang es der Frau, sich von seinem Anblick loszureißen.

Sie kam atemlos unten an. Eine Menschenmenge hatte sich um den Polizeiwagen gesammelt. Die Polizisten waren abgesprungen, und die Menge kam hinter ihnen und der Frau her. Sobald man die Leute zu verscheuchen suchte, erklärten sie einstimmig, in diesem Hause zu wohnen. Einige davon kamen bis zum letzten Stock mit. Von den Stufen beobachteten sie, wie die Männer, nachdem ihr Klopfen vergeblich blieb und die Glocke allem Anschein nach nicht funktionierte, die Tür aufbrachen. Sie arbeiteten schnell und mit einer Sicherheit, von der jeder Einbrecher lernen konnte. Auch in dem Vorraum, dessen Fenster auf den Hof sahen, zögerten sie nicht eine Sekunde. Zwei von ihnen zogen die Stiefel aus und schlichen um die Ecke. Es war inzwischen finster geworden. Sie stießen an einen Kleiderständer, gewahrten den Lichtschein am Ende des schmalen Ganges und gingen ihm nach. Die Frau schlich hinter ihnen her.

Als die Tür aufflog, stand der alte Mann, mit dem Rücken zu ihnen gewandt, noch immer am Fenster. Er hielt ein großes weißes Kissen auf dem Kopf, das er immer wieder abnahm, als bedeutete er jemandem, daß er schlafen wolle. Den Teppich, den er vom Boden genommen hatte, trug er um die Schultern. Da er schwerhörig war, wandte er sich auch nicht um, als die Männer schon knapp hinter ihm standen und die Frau über ihn hinweg in ihr eigenes finsteres Fenster sah.

Die Werkstatt unterhalb war, wie sie angenommen hatte, geschlossen. Aber in die Wohnung oberhalb mußte eine neue Partei eingezogen sein. An eines der erleuchteten Fenster war ein Gitterbett geschoben, in dem aufrecht ein kleiner Knabe stand. Auch er trug sein Kissen auf dem Kopf und die Bettdecke um die Schultern. Er sprang und winkte herüber und krähte vor Jubel. Er lachte, strich mit der Hand über das Gesicht, wurde ernst und schien das Lachen eine Sekunde lang in der hohlen Hand zu halten. Dann warf er es mit aller Kraft den Wachleuten ins Gesicht.

Aus: Ilse Aichinger, Der Gefesselte. Erzählungen. Frankfurt a. M.: Fischer 1963, S. 61 – 63

Hinweise und Tipps

Insbesondere bei einer solchen Aufgabe mit mehreren Arbeitsaufträgen ist es wichtig, die Aufgabenstellung genau durchzulesen und sich die verschiedenen Anforderungen bewusst zu machen:
Der erste Arbeitsauftrag bei dieser Aufgabe verlangt mit dem Operator *Untersuchen* zunächst keine vollständige und globale Analyse der Kurzgeschichte, sondern eine **aspektgeleitete Arbeit** mit dem Text: Der Fokus soll auf der **Figurencharakterisierung** liegen. Berücksichtigen Sie aber auch die **Erzählperspektive** und die **Erzählhaltung**. Dies können Sie direkt im Zusammenhang mit der Figurendarstellung oder aber im Anschluss in einem gesonderten Teil des Aufsatzes leisten. Es bietet sich an, hierbei insbesondere auf die Lenkung des Lesers durch den Erzähler einzugehen.
Der anschließende **Deutungsauftrag** gibt Ihnen die Freiheit, aus der Figurenuntersuchung Ihre Schlussfolgerungen zu ziehen. Die **Reflexionsaufgabe** („Prüfen Sie") enthält einen Interpretationsansatz, dem Sie sich anschließen, dem Sie aber auch widersprechen können.

Vergessen Sie nicht, der Untersuchung und Deutung des Textes eine **Einleitung** voranzustellen und einen **Schlussteil** folgen zu lassen. Zu Beginn des Hauptteils ist es sinnvoll, eine knappe Inhaltsskizze zu verfassen, mit der Sie zeigen, dass Sie die Handlung richtig verstanden haben, und die als Grundlage für die anschließende Figurenuntersuchung dient.

Lösungsvorschlag

Einleitung mit Überblicksinformationen und erstem Deutungsansatz

In der Kurzgeschichte „Das Fenster-Theater" von 1949 stellt die Autorin Ilse Aichinger der sensationslüsternen und misstrauischen Gesellschaft das kommunikativ-spielerische Verhalten Einzelner gegenüber.

Hauptteil

Knappe Inhaltsskizze

In Aichingers Text zeigt sich eine Frau irritiert von dem ungewöhnlichen Verhalten eines Mannes an einem gegenüberliegenden Fenster und ruft deshalb schließlich die Polizei. Als diese – gefolgt von der Frau und weiteren neugierigen Menschen – in dessen Wohnung eindringen, bemerkt sie, dass das Verhalten des Mannes Teil seines stummen kommunikativen Spiels mit einem kleinen Kind ist, das in der Etage über der Frau wohnt. Um den Text deuten zu können, ist eine genauere Untersuchung der Figurendarstellung hilfreich.

Die Darstellung der Figuren und Figurengruppen

Die Frau

Die erste Angabe, die der Text zur Charakterisierung der Frau bietet, weist auf deren **Passivität** hin. Sie „lehnt[]" (Z. 1) am Fenster, und ihr Blick ist „starr[]" (Z. 2). Durch die Höhe ihrer Wohnung wirkt sie **isoliert**, das Geschehen auf der Straße vollzieht sich „tief unten" (Z. 5). Die Antwort auf ihre Einsamkeit ist eine ‚unersättliche' Neugier (vgl. Z. 3 und 36) und Sensationslust, auf die der

Erzähler ironisch hindeutet: „Es hatte ihr noch niemand den Gefallen getan, vor ihrem Haus niedergefahren zu werden." (Z. 3 f.) Dies bestätigt sich auch später, als sie sich von den Späßen des alten Mannes kaum „loszureißen" (Z. 36) vermag und anschließend mit den Polizisten in die fremde Wohnung eindringt. Ihre **Sensationsgier** wird von einer starken **Ichbezogenheit** begleitet: Sie bezieht das Spiel des Alten auf sich, sodass es zu einem **Verkennen** der Situation kommt. Gleichzeitig ist sie aber **misstrauisch** und zieht sich nach einer vorsichtigen ersten Reaktion einige Schritte zurück (vgl. Z. 19). Erst in der Wohnung des alten Mannes erkennt sie aus der neuen Perspektive die Zusammenhänge, begreift ihre Täuschung und gewinnt Ein-Sicht „in ihr eigenes finsteres Fenster" (Z. 53). Ihr Misstrauen richtet sich **gegen ein normabweichendes Verhalten** – als der Alte seinen Kopfstand macht, ruft sie die Ordnungshüter.

Berücksichtigung des Erzählers

Abstrahierende Deutung

Der alte Mann ist im Unterschied zur Frau von Beginn an **aktiv**, wie die vielfältigen Bewegungsvokabeln zeigen (‚öffnen', ‚nicken', ‚greifen', ‚verschwinden', ‚kommen', ‚ziehen' etc. – vgl. Z. 11–15). Handelnd **durchbricht er seine Einsamkeit** und wendet sich **partnerbezogen** dem Kind zu. Während sich die Frau verschließt, „öffnet[]" (Z. 11) sich der Mann und schafft durch sein Lächeln (vgl. Z. 16) **Vertrauen** als Grundlage eines kommunikativen Spiels. Mit diesem **überschreitet** er die gängigen **gesellschaftlichen Normen** und erregt Argwohn. Seine Beziehungen zur alltäglichen Außenwelt scheinen reduziert zu sein, denn seine Glocke ist offenbar defekt. Seine Schwerhörigkeit kann auch symbolisch verstanden werden: Er hat kein Ohr für die, die als Vertreter des Staates für die Aufrechterhaltung der Ordnung sorgen.

Der alte Mann

Berücksichtigung der Wortwahl

Abstrahierende Deutung

Die Polizisten sind rasch zur Stelle. Ihre Tätigkeit verläuft mit der routinierten Perfektion von **Befehlsempfängern**. So wirken sie geradezu wie **funktionierende Automaten**. Der Erzähler vergleicht sie gar implizit mit **Verbrechern** (vgl. Z. 42 f.), sein Hinweis auf ihr Schleichen (vgl. Z. 45) verbindet sie auch über die Wortwahl mit der Frau (vgl. „schlich", Z. 47).

Die Polizisten

Berücksichtigung des Erzählers und der Wortwahl

Die **Sensationslust** ist indessen nicht auf die Frau beschränkt. Sie scheint ein allgemeines Merkmal der **Gesellschaft** zu sein, die von der neugierigen Menschenmenge repräsentiert wird, die sich nach der Ankunft des Polizeiwagens vor dem Wohnhaus des Mannes versammelt. Das Wort „einstimmig" (Z. 39) zeigt ihre Undifferenziertheit und charakterisiert ihre Mitglieder als entindividualisierte Teile eines gesichtslosen **Kollektivs**, das, um seine Gier zu befriedigen, auch vor der **Lüge** nicht zurückschreckt (vgl. Z. 39 f.).

Die Menschenmenge

Das Kind **fällt** wie der alte Mann **aus dieser Gesellschaft heraus**. Über das **kommunikative Spiel** verständigt es sich mit dem Alten und **lässt sich** von ihm **begeistern**. Dieser hat mit seiner symboli-

Das Kind

schen Geste die eigene Freude dem kleinen Jungen zugeworfen, der am Ende diese Geste wiederholt. In einer misstrauischen Welt erscheint das **Lachen als das Gemeinsamkeit stiftende Verhalten** der beiden. Beim Jungen gewinnt es schließlich gar eine **kritische Dimension**, wenn er es gegen die Polizisten richtet: „Dann warf er es mit aller Kraft den Wachleuten ins Gesicht." (Z. 60)

Erzählperspektive und Erzählhaltung

Das Geschehen wird dem Leser weitgehend im **Erzählerbericht** dargeboten. Der Erzähler folgt dabei aber der **Perspektive der Frau**. Ihr misstrauisches Verhalten verhindert jedoch eine Identifikation des Lesers mit der Protagonistin. Ein wichtiger Effekt der perspektivischen Lenkung ist die **Schlusspointe:** Der Leser wird sozusagen gleichzeitig mit der Protagonistin über die eigentlichen Zusammenhänge aufgeklärt, hat also ihr gegenüber in dieser Hinsicht keinen Wissensvorsprung. Punktuell wird der Erzählerbericht durch **Gedankenrede** (vgl. Z. 11: „Meint er mich? dachte die Frau.") durchbrochen, wodurch die Perspektivierung noch unterstützt wird.

Perspektivische Lenkung

Implizite Wertungen durch den Erzähler zur Leserlenkung

Distanz zur Protagonistin schafft der Erzähler durch wertende Beschreibungen wie die folgende: „Die Frau hatte den starren Blick neugieriger Leute, die unersättlich sind." (Z. 2 f.) Damit gibt die Autorin deutliche Hinweise, dass sie das Verhalten der Frau **kritisch bewertet** wissen will. Gleiches gilt für das Verhalten der Polizei, die der Erzähler durch den impliziten Vergleich mit Verbrechern abwertet.

Deutung

Abstraktion: Figurenkonstellation

Angesichts der Ergebnisse lassen sich die Figuren in zwei Gruppen einteilen: Auf der einen Seite stehen die Frau, die Polizisten und die Menschenmenge und auf der anderen Seite der alte Mann und das Kind. Erstere verkörpern eine **auf Sensationen versessene** und zugleich **argwöhnische Gesellschaft**, die abweichendes Verhalten nicht akzeptieren will, auch wenn es keinem schadet. Letztere figurieren Kommunikation, Spiel und Freude als **positives Gegenbild**.

Gesellschaftskritik

Vor dem Hintergrund der Textuntersuchung lässt sich Aichingers Text folgendermaßen deuten: Die ironische Erzählung liefert ein **negatives Bild der modernen Gesellschaft**. In ihr ist **der Einzelne isoliert** und **entindividualisiert**. **Kommunikation** wird durch **Misstrauen** und **Passivität verhindert**. Dort, wo es zu einem Gespräch kommt, herrscht die **Lüge**, Aktivität legen die Menschen nur in negativer Form an den Tag (Rufen der Polizei, Eindringen in die Wohnung etc.). Die Vertreter des Staates wirken automatisiert, sie scheuen sich nicht, wie „Verbrecher" in den Privatraum einzudringen. Die Mitglieder der Gesellschaft werden als **sensationslüstern** und ichbezogen, als oberflächlich und einer starren Ordnung verpflichtet dargestellt. Deshalb werden sie nervös, wenn etwas aus dem Rahmen ihrer **festgelegten Normen** fällt.

Versteht man das Wort „Theater" im Titel als **Metonymie für die Kunst**, so eröffnet sich eine weiter gehende **allegorische Deutung** des Textes:
Das zugleich faszinierende (vgl. Z. 36 f.) und irritierende Verhalten des alten Mannes, das im Gegensatz zum öden und einsamen Alltagsleben steht, erscheint dann als die **Gegenwelt der Kunst**, die der Norm widerspricht. Dadurch wird der Mann in einer auf eine bestimmte Ordnung fixierten Gesellschaft suspekt. Seine Darbietung stellt diese sozusagen auf den Kopf (vgl. Z. 27). Ein Merkmal der Gegenwelt sind die erleuchteten Fenster, die wie eine Theaterbühne wirken und gegen die Helligkeit des Tages „für sich" (Z. 7) stehen. Sie schaffen eine Welt, **die öffnet und befreit** und in der **Kommunikation**, auch über Abgründe hinweg, **möglich** wird. Das Bild „Kerzen angesteckt, noch ehe die Prozession die Kirche verlassen hat" (Z. 9 f.) verleiht dem Spiel einen religiösen, verbindenden und gemeinschaftsstiftenden Charakter und verstärkt noch den Kontrast zur restlichen Gesellschaft. Zur Gegenkraft wird das Kunst-Spiel in der Schlusswendung des Textes, als der Junge sein Lachen gegen die Polizisten wendet.

Allegorische Deutung: Bezug zur Kunst

Ilse Aichinger karikiert in ihrer Geschichte die moderne Massengesellschaft und bietet mit dem „Fenster-Theater" zugleich eine Gegenwelt an. Es werden Isolation und Gemeinschaft, Passivität und Aktion, Argwohn und Vertrauen, Situationsverkennen und Situationsverstehen, Automatismus und spontane Individualität, starre Ordnung und diese Ordnung störendes Spiel sowie Realität und Kunst hart einander gegenübergestellt. Der offene Schluss lädt den Leser zur Besinnung ein.

Schlussteil

Hinweise und Tipps zur vertiefenden Zusatzaufgabe

Diese Zusatzaufgabe kann Ihnen gestellt werden, falls Sie die Gattung der Kurzgeschichte **im Unterricht behandelt** haben. Sie fordert von Ihnen eine **Anwendung der Merkmale einer Kurzgeschichte** auf den untersuchten Text. Es ist sinnvoll, einzelne Merkmalsbereiche (hier: Handlung, Zeit- und Raumgestaltung, Figuren, Aufbau, Sprache, tiefere Bedeutungen) der Reihe nach in den Blick zu nehmen, um zu prüfen, ob Aichingers Text diese Merkmale aufweist.

Lösungsvorschlag zur vertiefenden Zusatzaufgabe

Beim vorliegenden Text handelt es sich um eine **Kurzgeschichte**.
In Bezug auf die Handlung lässt sich dies in verschiedener Hinsicht belegen: Aus dem Alltagsleben einiger Menschen wird hier **ein besonderes Ereignis** – das Spiel am Fenster – herausgegriffen. Dabei steht eine Figur vor **einer Entscheidung**, die **Konfliktcharakter** hat: Denn die Frau muss entscheiden, ob sie die Polizei rufen soll. Konflikthaft ist das Geschehen auch insofern, als hier zwei Welten – die Alltagsrealität und die Gegenwelt des Spiels – aufeinandertreffen. Handlung

Auch die Zeit- und Raumgestaltung passt zur Gattung der Kurzgeschichte: So umfasst das Geschehen nur eine **kurze Zeitspanne** und der **äußere Raum** bleibt sehr **beschränkt**. Die wesentliche Handlung spielt sich hinter den beiden Fenstern ab. Zeit- und Raumgestaltung

In einer Kurzgeschichte kommen zudem nur **wenige Hauptfiguren** vor. Im vorliegenden Fall sind es die Frau, der alte Mann und das Kind. Bei diesen Figuren handelt es sich zudem um **durchschnittliche Menschen**, die nur knapp charakterisiert werden und in ihrer Namenlosigkeit typisiert wirken („die Frau", „der Alte"). Figuren

Besonders typisch ist der Aufbau der Kurzgeschichte: So setzt die Erzählung **unvermittelt** ein und bleibt am Ende **offen**. Vor allem die Frage, wie die Frau und die Polizisten nach dem Erfassen der tatsächlichen Zusammenhänge reagieren, wird nicht beantwortet. Zudem steigert sich die Spannung zunehmend bis zum pointenhaften **Wendepunkt** am Ende der Erzählung. Aufbau

Auch die **stilistische Einfachheit**, die **Alltagssprachlichkeit** und die **Verständlichkeit** der kurzen Erzählung sprechen für eine Zuordnung zur Gattung der Kurzgeschichte. Sprache

Besonders charakteristisch für eine Kurzgeschichte ist außerdem die über die konkrete Erzählebene hinausgehende Bedeutung: Ilse Aichingers Text weist dementsprechend über sich hinaus, indem er auf die **Verallgemeinerung der Verhaltensweisen** angelegt ist und zudem eine tiefgründige **allegorische Lesart hinsichtlich der Kunst** anbietet. Tiefere Bedeutungen

Checkliste

Aspekt	Ja	Teil-weise	Nein	Weiß nicht
AUFBAU				
Habe ich eine Einleitung mit den wichtigsten Rahmeninformationen zum Text verfasst?	☐	☐	☐	☐
Habe ich einen geeigneten Schlussteil verfasst (z. B. mit einer Zusammenfassung der Ergebnisse)?	☐	☐	☐	☐
Ist mein Aufsatz klar strukturiert?	☐	☐	☐	☐
ANALYSE				
Habe ich alle Figuren und Figurengruppen berücksichtigt?	☐	☐	☐	☐
Habe ich die Hauptmerkmale der Figuren erarbeitet?	☐	☐	☐	☐
Habe ich die Rollen beleuchtet, die die Figuren im Text einnehmen?	☐	☐	☐	☐
Habe ich die Erzählperspektive untersucht und dabei beispielsweise die perspektivische Lenkung des Lesers durch den Erzähler herausgearbeitet?	☐	☐	☐	☐
Habe ich untersucht, wie der Erzähler zu den Figuren steht (Erzählhaltung)?	☐	☐	☐	☐
Habe ich meine Befunde mit Textverweisen/-zitaten belegt?	☐	☐	☐	☐
DEUTUNG				
Beruht meine Deutung auf den vorangegangenen Untersuchungsergebnissen?	☐	☐	☐	☐
Habe ich von den konkreten Befunden abstrahiert und bin ich so von der konkreten Ebene auf eine allgemeinere Bedeutungsebene gelangt?	☐	☐	☐	☐
Ist meine Deutung in sich stimmig und widerspruchsfrei?	☐	☐	☐	☐
Habe ich die in der Aufgabenstellung vorgeschlagene allegorische Lesart am Text geprüft und meine diesbezügliche Einschätzung begründet?	☐	☐	☐	☐
SPRACHE UND STIL				
Habe ich abwechslungsreich und differenziert formuliert?	☐	☐	☐	☐
Habe ich sachlich, d. h. nicht umgangssprachlich oder übertreibend, formuliert?	☐	☐	☐	☐
Habe ich zutreffende und präzise Fachbegriffe benutzt?	☐	☐	☐	☐

Checkliste zur vertiefenden Zusatzaufgabe

Aspekt	Ja	Teil-weise	Nein	Weiß nicht
AUFBAU				
Ist mein Text klar strukturiert?	☐	☐	☐	☐
INHALT				
Habe ich die wichtigsten Merkmale der Textgattung „Kurzgeschichte“ berücksichtigt?	☐	☐	☐	☐
Habe ich jeweils geprüft, ob die Merkmale auf den vorliegenden Text zutreffen?	☐	☐	☐	☐
SPRACHE UND STIL				
Habe ich abwechslungsreich und differenziert formuliert?	☐	☐	☐	☐
Habe ich sachlich, d. h. nicht umgangssprachlich oder übertreibend, formuliert?	☐	☐	☐	☐
Habe ich zutreffende und präzise Fachbegriffe verwendet?	☐	☐	☐	☐

Klausuren Deutsch
Übungsaufgabe 6 – Gestaltende Interpretation eines epischen Textes

Aufgaben Gewichtung

1. Skizzieren Sie kurz die Handlung, soweit sie zum Verständnis der vorliegenden Textstelle notwendig ist. 15 %
2. Verfassen Sie den „Brief an Marcel“ (vgl. Z. 30). 60 %
3. Erläutern Sie in einem kurzen kommentierenden Text, welche Überlegungen Sie beim Verfassen des Briefes geleitet haben. Gehen Sie dabei auf Ihre Komposition, Ihre Themenauswahl und Ihre sprachliche und motivische Gestaltung ein. 25 %

Vorbemerkungen:

- *Bei dem Aufgabentyp „Gestaltende Interpretation“ ist meist die Kenntnis des Werks erforderlich. Wenn Ihnen Frischs Roman „Homo faber“ nicht (mehr) präsent ist, empfiehlt es sich, zunächst die Handlungsskizze (siehe Lösungsvorschlag zur 1. Teilaufgabe) zu lesen, um die Textstelle verstehen und Teilaufgabe 2 und 3 lösen zu können.*
- *Bei dem Aufgabentyp „Gestaltende Interpretation“ ist nicht immer eine Handlungsskizze (vgl. Teilaufgabe 1) gefordert. Sie können diese – insbesondere wenn Sie zum Üben wenig Zeit haben – auch weglassen.*
- *Die Seitenverweise in den Hinweisen und Tipps sowie in den Lösungsvorschlägen folgen dieser Ausgabe:*
  Max Frisch: „Homo faber. Ein Bericht.“ Suhrkamp Taschenbuch 354.
  Erste Aufl. 1977. Frankfurt a. M.: Suhrkamp.

Max Frisch (1911–1991)
Homo faber. Ein Bericht (1957), Auszug

„The American Way of Life:

Schon ihre Häßlichkeit, verglichen mit Menschen wie hier: ihre rosige Bratwurst-Haut, gräßlich, sie leben, weil es Penicillin gibt, das ist alles, ihr Getue dabei, als wären sie glücklich, weil Amerikaner, weil ohne Hemmungen, dabei sind sie nur schlaksig und laut – Kerle wie Dick, die ich mir zum Vorbild genommen habe! – wie sie herumstehen, ihre linke Hand in der Hosentasche, ihre Schulter an die Wand gelehnt, ihr Glas in der andern Hand, ungezwungen, die Schutzherren der Menschheit, ihr Schulterklopfen, ihr Optimismus, bis sie besoffen sind, dann Heulkrampf, Ausverkauf der weißen Rasse, ihr Vakuum zwischen den Lenden. Mein Zorn auf mich selbst!

(Wenn man nochmals leben könnte.)

Mein Nacht-Brief an Hanna –

Am andern Tag fuhr ich hinaus an den Strand, es war wolkenlos und heiß, Mittag mit schwacher Brandung: die auslaufenden Wellen, dann das Klirren im Kies, jeder Strand erinnert mich an Theodohori.

Ich weine.

Das klare Wasser, man sieht den Meeresgrund, ich schwimme mit dem Gesicht im Wasser, damit ich den Meeresgrund sehe; mein eigener Schatten auf dem Meeresgrund: ein violetter Frosch.

Brief an Dick.

Was Amerika zu bieten hat: Komfort, die beste Installation der Welt, ready for use, die Welt als amerikanisiertes Vakuum, wo sie hinkommen, alles wird Highway, die Welt als Plakat-Wand zu beiden Seiten, ihre Städte, die keine sind, Illumination, am andern Morgen sieht man die leeren Gerüste, Klimbim, infantil, Reklame für Optimismus als Neon-Tapete vor der Nacht und vor dem Tod –

Später mietete ich ein Boot.

Um allein zu sein!

Noch im Badkleid sieht man ihnen an, daß sie Dollar haben; ihre Stimmen (wie an der Via Appia), nicht auszuhalten, ihre Gummi-Stimmen überall, Wohlstand-Plebs.
Brief an Marcel.

Marcel hat recht: ihre falsche Gesundheit, ihre falsche Jugendlichkeit, ihre Weiber, die nicht zugeben können, daß sie älter werden, ihre Kosmetik noch an der Leiche, überhaupt ihr pornografisches Verhältnis zum Tod, ihr Präsident, der auf jeder Titelseite lachen muß wie ein rosiges Baby, sonst wählen sie ihn nicht wieder, ihre obszöne Jugendlichkeit –

Ich ruderte weit hinaus.

Hitze auf dem Meer –

Sehr allein.

Ich las meine Briefe an Dick und an Marcel und zerriß sie, weil unsachlich; die weißen Fetzchen auf dem Wasser; mein weißes Brusthaar –

Sehr allein.“

Max Frisch: „Homo faber. Ein Bericht“. Frankfurt a. M. 1957, S. 176 f.

Hinweise und Tipps zu Teilaufgabe 1

Wie immer bei einer hinführenden Inhaltsangabe ist auch hier wichtig, insbesondere diejenigen **Handlungselemente** herauszugreifen, die **für die vorliegende Stelle einschlägig** sind. Das sind die Passagen, in denen Marcel eine Rolle spielt, also der erste Besuch auf der Plantage (S. 44 f. u. 49–56), und die Kubaepisode (S. 172–182) als unmittelbarer Kontext der Stelle. Daneben ist auch der zweite Besuch auf der Plantage (S. 165–169) einschlägig, weil dieser ein naheliegender Anlass des Briefes ist. Die Sabeth-Handlung muss wiedergegeben werden, da sie für Fabers Veränderungen ausschlaggebend ist. Dies sollte aber in **geraffter** und **begrifflich zusammenfassender Form** geschehen.

Lösungsvorschlag zu Teilaufgabe 1

Einleitung

Max Frischs Roman „Homo faber", erschienen 1957, ist die Geschichte einer Selbstentlarvung: Es ist der „Bericht" des prototypischen Ingenieurs Walter Faber über seine inzestuöse Beziehung zu seiner Tochter Sabeth und über die Ansätze einer Veränderung, die er dadurch erfährt. Diese zeigen sich gegen Ende des Romans u. a. während Fabers Station auf Kuba, wo er den *„American Way of Life"*, den er bisher überzeugt verkörpert hat, pauschal verdammt.

Handlungsgang (1. Teil des Romans)

Faber, der für die Unesco *„technische Hilfe für unterentwickelte Völker"* (S. 10) leistet, lernt auf einem Flug Herbert Hencke, den Bruder seines Jugendfreundes Joachim, kennen. Joachim hat vor dem Zweiten Weltkrieg Fabers Verlobte Hanna geheiratet, die ein Kind von Faber erwartet hat, das sie, anders als besprochen, nicht abgetrieben hat. Nach der Notlandung in der mexikanischen Wüste schließt sich Faber überraschend Herbert an, der auf dem Weg zur von Joachim geleiteten Tabakplantage in Guatemala ist. Auf der Fahrt durch den Urwald begleitet sie der Musiker und Mayaenthusiast Marcel, mit dem Faber heftig über dessen Kritik an der Technisierung und „Amerikanisierung" der Welt diskutiert. Sie finden Joachim erhängt vor.
Zurück in New York entzieht sich Faber seiner Geliebten Ivy, indem er sich kurz entschlossen mit dem Schiff auf den Weg nach Europa macht. Auf See lernt er Elisabeth Piper (Sabeth) kennen und verliebt sich. Er ahnt zwar immer mehr, dass sie seine Tochter ist, gesteht es sich aber nicht ein. Sie möchte zu ihrer Mutter nach Athen und Faber reist mit ihr durch Frankreich und Italien. Auf der Via Appia werden sie von amerikanischen Touristen gestört, als Faber drauf und dran ist, Sabeths Identität zu klären. In Avignon verbringen sie eine gemeinsame Nacht. An einem Strand des Dörfchens Theodohori nahe Athen wird Sabeth von einer Schlage gebissen und stürzt, vor dem nackt heraneilenden Faber zurückweichend, auf den Kopf. Faber bringt sie in ein Athener Krankenhaus. Dort sieht er seine Jugendliebe Hanna wieder. Sabeth stirbt an den Folgen des Sturzes.

Handlungsgang (2. Teil des Romans)

In der „Zweite[n] Station" des Berichtes montiert der Erzähler Faber zwei Zeitebenen ineinander: Er blickt zum einen auf seine Reise nach Caracas und seinen Umweg über die Plantage zurück, wo er Herbert völlig lethargisch und verwahrlost vorfindet. In Caracas schreibt er, krank ins Hotel gebannt, den ersten Teil des Berichts. Auf dem Rückweg bleibt er einige Tage auf Kuba. Dieser Moment des Innehaltens zeigt ihn begeistert vom „Leben" dort, er nähert sich Marcel an. Während seiner Rückkehr nach Athen kündigt er.
Zum anderen wechseln mit diesem Bericht Passagen ab, in denen er die gegenwärtige Situation im Athener Krankenhaus beschreibt, wohin er sich nach der Reise wegen seiner Magenerkrankung begeben muss. Die Aufzeichnungen enden am Morgen der Operation.

Hinweise und Tipps zu Teilaufgabe 2

Dies ist die zentrale Aufgabe. Die grundlegenden Anforderungen des gestaltenden Interpretierens – Angemessenheit, Perspektive, Ästhetizität – dienen als Leitfaden.

Angemessenheit
Hier gilt es zunächst, **einschlägige Stellen** aus dem Text zu finden. Für den unten stehenden Lösungsvorschlag wäre folgende Auswahl denkbar:

- S. 37 f.: „Der Wirt unsres winzigen Hotels" bis „ja nicht daran!" und „Unsere einzige Chance" bis „brauchte ihn!"
- S. 39: „Nur unser Ruinen-Freund" bis „Elektrizität ist."
- S. 44 f.: „Endlich unser Landrover!" bis „(Hundert Pesos pro Tag.)"
- S. 50: „Marcel sang" bis „Marcel bestritt es."
- S. 52 f.: „Als ich einen rostigen Kanister" bis „Ich war für Umkehren." und „Marcel war auch für Umkehren" bis „(Leider!)"

Diese Passagen lassen sich als Bezugspunkte für den Brief an Marcel verwenden. Faber wird Marcel zudem von seinem zweiten Besuch auf der Plantage berichten (vgl. S. 165–169). Weiterhin sollten die wesentlichen Elemente aus der Kubaepisode (S. 172–182) aufgegriffen werden, die Fabers neues Lebensgefühl kennzeichnen (Amerikakritik, Stilisierung der Kubaner, Zulassen von Erlebnissen). Diese Haltung wird jedoch nur verständlich, wenn sie als Konsequenz aus der Beziehung zu Sabeth, ihrem Tod und der Konfrontation mit Hanna deutlich werden.
Jedes gestaltende Interpretieren muss **Interpretation** sein – d. h., der Text muss **eigenständig** sein und es müssen sich darin **Einsichten** über den Text niederschlagen. Wenn Textelemente wie die Abwehr der Dschungelnatur oder die Polemik gegen Amerika berücksichtigt werden, sollte dies in variierender Form geschehen.
Ein wesentlicher **Interpretationsansatz** ist die Einschätzung von Fabers Sinneswandel auf Kuba. Entgegen mancher Sekundärliteratur kommt Faber hier *nicht* zu einer Einschätzung, die man ohne Weiteres als angemessen oder gar als Frischs Position bezeichnen könnte. Fabers Haltung ist in vielen Punkten zwar diametral seinen früheren Einstellungen entgegengesetzt, er macht sich aber auch jetzt **wieder ein klischeehaftes Bild**. Überdies steht dieses Bild unvermittelt neben seiner früheren Sicht, zu der er in späteren Passagen wieder zurückkehrt. Auch zeigt seine Einstellung beim zweiten Plantagenbesuch zunächst keine signifikante Änderung, sodass man hier auch kaum davon sprechen kann, dass er aus den Erfahrungen und aus seinem schuldhaften Verhalten viel gelernt hat. Faber neigt auch nach Sabeths Tod zum Relativieren und Verdrängen; erst das Verfassen des Berichts selbst ändert dies allmählich.
Diese **innere Widersprüchlichkeit und Brüchigkeit des Weltbildes** sollte der Brief also nicht vermeiden, sondern bewusst herausstellen. Dies kann exemplarisch vorgeführt werden z. B. an der Einstellung zur **Schuld** (selbstentlarvende Rechtfertigung) oder in der Erfahrung der **Natur** (bedrohlicher vs. harmonischer Lebensraum).
Den Roman durchziehen eine ganze Reihe von **Motiven**, die aufgegriffen werden können. Die Zähne, Augenhöhlen oder die Magerkeit zählen zum Komplex der Vergänglichkeit und des Todes. Dazu gehört auch der Blick in den Spiegel als Medium der Selbsterfahrung. Das Rasieren und Duschen als Beherrschung des Körpers und

seines naturhaften Wachsens sind wichtig. Für Kuba kennzeichnend sind Naturmetaphern zur Beschreibung der Umgebung (die sich aber durchaus mit Technikmetaphern mischen) oder das Schaukeln als in sich ruhende Bewegung. Dazu gehört sicher auch das Boot, das im Gegensatz zum Flugzeug oder zum Auto steht.

Perspektive

Faber hat von sich das Bild des beherrschenden und rational beherrschten Technikers, der die Dinge distanziert und überlegen betrachtet. Dieses **Selbstbild** wird durch die Schuld, die er auf sich lädt, **gebrochen**. Es kippt auf Kuba in ein Gegenbild, das wiederum zeigt, wie wenig Faber im Grunde in der Lage ist, sich und sein Handeln zu reflektieren. Sein Schreiben ist immer auch ein Schreiben gegen sich, das seine Schwächen in der Absicht, sie zu verbergen, nur umso deutlicher aufdeckt. Dies bedeutet, dass Faber sich durchaus widersprüchlich äußern kann, ja dass sich gerade im Zutagetreten solcher Widersprüche sein innerer Bruch zeigt.

Fabers **Adressat** Marcel ist zu Beginn des Romans sein **ideologischer Gegenpart**, der eine einseitige und naive Zivilisations- und Technikkritik formuliert. Faber dürfte sich ihm nach seiner „Wandlung" in Kuba eng verbunden fühlen. Dies spricht für **Offenheit** und deutlichen **Äußerungswillen** bei Faber, der aber seine Grenzen bei der Frage der Schuld haben dürfte. Dass Marcel im Gegensatz zu ihm auch an Kulturgütern und an Erinnerung liegt, dürfte Fabers Reflexionshorizont sprengen.

Fabers **Motivation**, den Brief zu schreiben, könnte also eine **bekenntnishafte Inszenierung seiner neuen Identität** sein, für die er beim Adressaten zudem Verständnis erwarten kann. Mit dem Bericht über das Schicksal des gemeinsamen Bekannten Herbert hat er zudem einen **Anlass** zu schreiben.

Dabei ist Fabers Perspektive immer sehr **ichzentriert** und narzisstisch.

Ästhetizität

Die **Textsorte** des Briefes bewegt sich nahe am Romantext, der als tagebuchartiger „Bericht" monologisch und aus der Ich-Perspektive formuliert ist. Ein wesentlicher Unterschied ist der Adressat. Zum Brief gehören immer Anrede und Grußformel. Zudem lässt er sich relativ präzise datieren, was man als Ausdruck von Fabers Genauigkeitssinn auch tun sollte. Faber ist vom 9.–13. Juli 1957 auf Kuba (vgl. S. 172).

Der Brief kann wesentliche **sprachliche Charakteristika** des Romans aufgreifen, so die häufig elliptischen Formulierungen, aber auch die emotionalen Ausrufe (immerhin reflektiert Faber dies mit der Charakterisierung des Briefs als „unsachlich"). Auch die Tendenz zu Abschweifungen, Kurzabsätzen, Abbrüchen mit Gedankenstrich oder Kommentarzusätzen in Klammern lässt sich imitieren.

Für die **Komposition** gibt es mehrere Möglichkeiten. Wichtig ist, dass der Brief ein klares Kompositionskonzept erkennen lässt. Es liegt nahe, mit dem zweiten Plantagenbesuch zu beginnen. Dann kann chronologisch erst die Sabeth-Handlung reflektiert und dann auf die Kubaepisode eingegangen werden. Am Ende kann ein Ausblick stehen.

Kreativität meint im Kontext des gestaltenden Interpretierens nicht, völlig neue Handlungselemente zu erfinden. Sie zeigt sich eher in der eigenständigen Umsetzung von Motiven oder deren Variation und Kombination (hier z. B. die Sonnenbrille als Motiv oder die Ausgestaltung des Meermotivs). Es lassen sich auch neue Bilder erfinden, die mehrere Motive neu bündeln (z. B. Topfpflanze auf der Terrasse).

Lösungsvorschlag zu Teilaufgabe 2

Dear Marcel, Habana, den 11. Juli '57

Anrede / Datum

mir kommt es wie eine Ewigkeit vor, dass wir zusammen auf der Plantage in Guatemala waren – dabei sind wir vor gerade einmal drei Monaten aufgebrochen.
Aber seitdem hat sich alles verändert –
Ich habe in letzter Zeit immer wieder an dich denken müssen. Ich beneide dich um dein ruhiges Leben in Boston – ich bin gerade auf dem Weg von Caracas (Kraftwerksmontage) nach Europa und mache Zwischenstopp in Cuba. Ich beneide dich auch ehrlich um die Arbeit bei deinen Symphonikern: die lebendige Musik als Beruf! Gesang, menschliche Stimme! Wovon ich nur träumen kann …
Warum wir damals auf der Fahrt zur Plantage derart stritten und debattierten, verstehe ich nicht mehr.

Einleitung
Persönl. Bezug zum Adressaten
Andeutung der Veränderung
Konkretisierung der Schreibsituation und Verdeutlichung der neuen Nähe zu Marcel

Den armen Herbert habe ich vor drei Wochen wiedergesehen. Denke dir, er ist immer noch auf der Plantage! Im ersten Augenblick glaubte ich, Joachim vor mir zu haben, Joachim, wie er gelebt haben muss, bevor er es gemacht hat. Das Bild, wie er am Draht hing, verfolgt mich. Und Herbert als zweiter Joachim, als Wiedergänger, auferstanden, dem Untergang geweiht. Er hat völlig die Spur verloren.
Auf der Plantage alles unverändert. Die Indios arbeiteten teilnahmslos wie eh und je vor sich hin, neugierig und ohne Verständnis. Herberts Nash, den wir ihm dagelassen hatten, damit er zurückkommen könnte, war schwarz von Schlamm, ein Vehikel wie aus der Vorzeit, sodass ich ihn erst einmal ganz zerlegen und wieder zusammenbauen musste, damit er wieder ging, keine Kleinigkeit im Urwald.

Erster Teil: Bericht von der Plantage
Indefinitpronomen „es" als Verdeutlichung der Verdrängung des Todes
Bezug auf gemeinsame Erfahrung (Herberts Nash …) und Fabers weiterhin bestehende Affinität zur Technik

Dabei die Schwüle, immer wieder Regen, alles versinkt in schleimigem Morast, aus dem alsbald Bläschen quellen, überall brechen Keimlinge hervor, krebsartiges Wuchern der Vegetation, Käfer schimmernd wie Öl und rattengroß, Schlangen mit Mustern wie von Pneus in jedem Dickicht, und darüber legt sich erstickend wie eine Plane der besinnungslose, nie verstummende Lärm des Getiers wie das betäubende Getöse einer monströsen Fabrik.

Naturerfahrung
Beispiel für Vergleiche der Natur mit Industrie

Schlafen kann ich in solcher Lage kaum, im Gegensatz zu dir. Dich hat der Urwald fasziniert, nicht nur wegen der Ruinen. Mich verfolgen die Zopilote bis in die Träume.
Es ist erstaunlich, letztlich war es doch reiner Zufall, der uns an einen solchen Ort geführt hat. Ich meine, hättest du damals dem Wirt nicht den Landrover abgeschwatzt (wie du das hingekriegt hast, ist mir heute noch schleierhaft), hättest du an der Furt des Rio Usumacinta nicht die Spur gefunden, als wir schon umkehren woll-

Rolle des Zufalls
Beispiel für typischen Sprachgestus: Kommentare in Klammern

ten, hätten wir den Rubicon nicht überschritten, Herbert wäre längst wieder in Düsseldorf und täte Dienst bei Hencke-Bosch.

Ich für meinen Teil war heilfroh, etwas Sinnvolles zu tun zu haben, den Wagen herrichten zu können. Mit Herbert war gar nicht zu reden. Er kraulte sich den Bart, zeigte grinsend die Zähne wie ein Gatter im Gesicht, witzelte blödsinnig, dachte aber offenbar keine Sekunde daran, den reparierten Wagen zu benutzen oder gar mit mir zu kommen. Er floh geradezu die zivilisierte Welt, verweigerte sich jeder Hilfe und Technik. Ein kolossales Missverständnis, die Natur des Menschen liegt nun einmal in Technik und Verstand, in den Naturwissenschaften; mit jedem sogenannten Natur-„Erlebnis" verleibt sich doch die Natur uns schon ein! Ich glaube wirklich, dass der arme Herbert im Urwald unter diesen Indios allmählich den Verstand verloren hat, wie Joachim. Tragische Märtyrer des Urwalds.

Reflexion zu Natur und Technik

Verdeutlichung des weiterhin vorhandenen Menschen- und Weltbildes Fabers

Meine Kamera hatte ich im Hotel gelassen, wie jetzt immer öfters, sonst könnte ich dir bei Gelegenheit Bilder zeigen.

Andeutung der Veränderung Fabers

Mag sein, Herbert wollte etwas gutmachen, womöglich hatte er das Gefühl, Joachim in den Urwald abgeschoben zu haben, und glaubte am Ende, jetzt dafür seinen Platz einnehmen zu müssen. Aber die Vergangenheit lässt sich nicht ungeschehen machen. Das Leben wiederholt sich nicht.

Durchscheinen von Fabers neuer Perspektive

Ich werde Amerika verlassen und nach Europa zurückgehen, nach Athen. Mein Leben ist völlig verändert, seit ich meine Tochter, von der ich nichts wusste, durch einen Zufall getroffen habe. Oh, wäre es anders gekommen! – Ich traf sie, als ich, ganz wider meine Gewohnheit, mit dem Schiff nach Europa übersetzte. Dass sie mir auffiel und, ja, gefiel, ist im Rückblick kein Wunder, schließlich ähnelte sie ihrer Mutter. Nun, kurzum, ich begleitete sie quer durch Europa auf dem Weg zu ihrer Mutter, durch deine Heimat, durch Italien bis Athen. D. h. kurz *vor* Athen.

Zweiter Teil: Offener Bericht über Zeit mit Sabeth

Ich frage mich, warum sie sich eigentlich darauf eingelassen hat, auf die gemeinsame Reise, meine ich. Schließlich ist man nicht mehr der Jüngste, das lässt sich nicht leugnen, spätestens wenn ich in den Spiegel schaue, morgens beim Rasieren. (Mein elektrischer Apparat streikte leider am Flughafen. Eine Kleinigkeit, aber kein Ersatzteil zu bekommen. So muss ich mich hier nass rasieren. Das Messer an sich zu legen, irgendwie archaisch.) Man merkt, dass die Haut faltiger als früher um den Schädel liegt, die Zähne waren auch schon besser (mein Zahnfleisch geht zurück). – Eigentlich müsste ich Sabeth (so nannte ich Elisabeth, meine Tochter) doch wie ein magenkranker Greis vorgekommen sein. –

Reflexion zu Alter und Vergänglichkeit und zugleich Abschweifung

Ihr hättet euch auf Anhieb verstanden, immer war sie auf dem Sprung ins nächste Museum. Ich sah sie ständig zwischen Ruinen, Sarkophagen, antiken Torsi. Dir brauche ich nicht zu sagen, dass

Sabeth und Marcel: Altertümer und Umgang mit Kunst

ich für solche Sachen kein Auge habe. Sie dagegen das Bild des fröhlichen Lebens. Für sie lebten diese alten Götter, wie für dich. Ich habe das hochtrabende Gerede über Kunst und Kultur ja früher als Geschwätz abgetan. Und doch habe ich mit ihr gesehen, wie so eine Statue zu leben beginnt, wenn man sie ins richtige Licht setzt, dann spricht sie geradezu, auch wenn man weder Archäologe ist noch stundenlang im Baedeker nachliest.

Andeutung von Fabers Veränderung durch Sabeth

Nun bin ich allein nach dem tragischen Unfall Sabeths. Ich sehe es noch vor mir, wie sie stürzt – ich wollte ihr zu Hilfe eilen, weil eine Schlange sie gebissen hatte. Ich habe alles getan, um sie so schnell wie möglich ins Krankenhaus nach Athen zu bringen. Aber was heißt schnell auf dem Land in Griechenland! Man hat dort die Sturzverletzung übersehen, unbegreiflich, aber leider möglich. Daran ist sie gestorben. Ein schrecklicher, grausamer Unfall. Ich habe doch alle zu Gebote stehenden Maßnahmen ergriffen! Hanna – ihre Mutter – war natürlich vollkommen außer sich. Aber was hätte ich noch tun sollen? Habe ich Schuld, weil es ohne mich so nicht gekommen wäre? Weil ich mich, ohne das Kind zu erkennen, ihr genähert habe (sie sich aber doch auch mir!)? Mit ihr gereist bin zu ihrer Mutter? – –

Unfall und Schuldfrage

Fabers Selbstrechtfertigung, …

… aber auch implizites Anerkennen der Möglichkeit, schuld zu sein

Dritter Teil: Kuba

Harmonieerfahrung

Cuba, wo ich jetzt Station mache, ist herrlich. Tatsächlich: Hier singe ich, wenn auch nur mit einer Stimme wie ein verstellter Vergaser. Ich schaukle hier gerade in meinem geliehenen Bötchen auf dem Meer – einem Meer, das wärmer und friedlicher nicht sein könnte und keine Stürme zu kennen scheint (obwohl es hier manchmal nachmittags tropisch schüttet, so dass man glaubt, das Pflaster sei ein weißes Blütenmeer). Die Sonne ist ohne Strohhut und Sonnenbrille gar nicht auszuhalten. Ich habe meine bewährte Hermes Baby, du wirst dich erinnern, auf den Knien (ich schreibe eine schlimme Hand, einmal abgesehen vom Schaukeln).

Verdeutlichung der Öffnung für Naturerfahrung (Meermotiv)

Wenn ich die Amerikaner drüben an der Mole betrachte, mit ihren immergleichen Südstaatenhüten und ihren Sonnenbrillen, mit ihren himbeerfarbenen Shorts, ihren knochenbleichen Beinen, dabei unübersehbar geschminkt. Und ich habe sie dir gegenüber verteidigt! Der Gedanke daran macht mich wütend auf mich selbst. Wie habe ich dir Unrecht getan!

Amerikapolemik

Adressatenbezug

The American Way of Life – in der Tat eine einzige Anmaßung. Man muss die Dinge sehen, wie sie sind. Ihre austauschbaren Schönheitsmasken, immer glattrasiert und mit aufdringlichem Rasierwasser. Immer rosig, wie der ekelhafte Hummer, den sie immerzu fressen, nur weil sie sichs leisten können. Dabei tragen sie ihr Lächeln zur Schau, wie die Gebisse auf der Plakatwand hinter ihnen. Überall nur noch ihr einheitlich fett Frittiertes, die ewige Cola. (Ich bekomme neuerdings Zahnschmerzen von dem süßen Zeug). Ihr Coca-

Beispiele für „unsachlich[e]“ (Z. 39) Sprache

Cola-Kolonialismus löscht alles Einheimische aus – aber das stört sie nicht. Man muss kein Kommunist sein, um diese selbstgefällige Welteroberung widerlich zu finden. Und dann laufen sie zum Psychoanalytiker, Armseligkeit und heulendes Elend werden wegtherapiert. Den Tod wollen sie – deine Worte, ich erinnere mich genau! – „aussterben" lassen. (Mein Magen ist seit Guatemala übrigens nicht besser geworden, aber bestimmt kein Grund fürs Skalpell). Alles Retusche, alles Kosmetik. In einer einzigen Verdrängung reanimieren sie ihr Scheinleben. Vampire! Wie blind sind sie für ihre Schuld, ihre Krankheit, ihre Sterblichkeit.

Verdeutlichung der veränderten Einstellung, aber zugleich Herunterspielen der eigenen Erkrankung

Dagegen die prallen Kubaner! Wie sie sich an Kleinigkeiten freuen, wie Kinder, wie sie mit unverbildeter Sinnlichkeit und Koketterie auch auf Fremde zugehen, wie sie singen vor Lebensfreude, ihr Rum, ihre Zigarren. So muss man leben, einfach, im Augenblick, hier und jetzt. Ich gehe abends gern auf die Straße, flaniere bis spät, aber was solls, ich kann ohnehin wenig schlafen, wegen der Hitze.

Kuba als klischeehaftes Gegenbild

Auf meiner Terrasse im Hotel steht eine üppige Pflanze, ich habe keine Ahnung, wie diese exotischen Gewächse alle heißen, aber offenbar ein Stück Urwald. Im Wind raschelt sie wie Zellophan, die fleischigen Blätter quellen wie Kaskaden aus dem Trog, dunkelrote Blüten, die Farbe erinnert an Granatapfel, wie leuchtende Augen im satten Grün, das den Terrakottakübel mit seinen nachgebildeten Rankenreliefs und antikisierenden Figuren gesprengt hat, aus dem Spalt drängen schwellende Wurzeln.

Denkbild der Kübelpflanze

Solche Bilder lassen die Vergangenheit vergessen, wenn ich hier abends im sanften Hauch des Ventilators sitze und den Gedanken nachhänge. Ich verstehe dich jetzt vollkommen! Hier kann die Seele leben, offen und nicht im Untergrund („Maquis" sagtest du, das weiß ich noch)! Lebenssinn auch ohne Lebensstandard!

Ansatz zur Reflexion

Schluss: ichzentrierte Planungen

Ich bin entschlossen, ganz anders zu leben.

Ich werde Amerika verlassen. Mein Appartement in New York habe ich bereits aufgegeben, dort wirst du mich also nicht mehr erreichen. Den Job bei der *Unesco* werde ich kündigen. Die letzte Superkonstellation nach Europa ist gebucht, in einer Woche spätestens möchte ich in Athen sein. Das ist jetzt mein Platz.

Ankündigung des Ausbruchs aus der bisherigen Lebensweise

Das Grab meines Kindes zu besuchen, habe ich noch nicht geschafft. Ich werde noch einmal durch den alten Kontinent fahren, um wenigstens in Erinnerung wieder bei Sabeth zu sein. Warum ist Glück so kurz, so unwahrscheinlich, so wenig unschuldig?

Ich habe beschlossen, Hanna zu heiraten.

Egozentrik: Entschluss zur Heirat, ohne Hanna gefragt zu haben

Vorher nur noch eine Pflicht: In Düsseldorf muss ich die Hencke-Bosch-Leute noch informieren über Joachims und Herberts Schicksal. Das bin ich ihnen schuldig. Filmmaterial habe ich ja genug.

Ob ich es noch nach Boston schaffe, weiß ich nicht, obwohl ich dich gerne sehen, dich sprechen, dir die Bilder zeigen würde. Ich werde aus Athen schreiben. Es ist mir wichtig, dass du weißt, dass ich dich nun verstehe. Und vielleicht verstehst du jetzt auch mich.

Adressatenbezug: Verdeutlichung der Veränderung

In Verbundenheit, bis bald,
Walter

Abschließende Grußformel

Hinweise und Tipps zu Teilaufgabe 3

Es ist hilfreich, sich schon bei der Planung des Briefes **Notizen** zu machen, die sich in Teilaufgabe 3 verwenden lassen. Es geht in diesem Teil nicht so sehr darum, kleinteilig einzelne Stellen zu rechtfertigen, sondern die **grundlegenden Ideen und Interpretationsansätze** zu erläutern. Die Aufgabenstellung gibt Ihnen Anhaltspunkte, auf welche Aspekte insbesondere eingegangen werden soll: auf die Komposition, die Themenwahl und die sprachlich-motivische Gestaltung. Sie können aber durchaus auch andere Aspekte einbeziehen.

Lösungsvorschlag zu Teilaufgabe 3

Man kann von **zwei Anlässen** für Fabers Brief an Marcel ausgehen. Zum einen möchte er ihm von seinem zweiten **Aufenthalt auf der Plantage** berichten; zum anderen sieht er in Marcel jemanden, der seinem **momentanen Lebensgefühl** auf Kuba **nahesteht** und der ihn versteht. Aus dem Gefühl dieser inneren Vertrautheit heraus kann Faber auch von seinen Erlebnissen mit Sabeth berichten, von denen Marcel noch nichts weiß. Daraus ergibt sich eine **dreiteilige Komposition** des Briefes: zunächst der **Bericht** von der Plantage, dann ein **Rückblick** auf die Sabeth-Handlung und schließlich das **Kuba-Erlebnis** als Annäherung an Marcels Position.

Schreibanlässe und Begründung der Komposition des Briefes

Faber distanziert sich in Kuba zwar auffällig von seinem bisherigen Selbst- und Weltbild, löst sich jedoch nicht vollends von seiner früheren Sicht. Beide Perspektiven bleiben letztlich **unverbunden** und **widersprüchlich** nebeneinander stehen (vgl. z. B. sein Unverständnis gegenüber Hannas Reflexionen über Technik, S. 169). Diese Widersprüchlichkeit spiegelt der Brief wider: Die Schilderung des zweiten Plantagenaufenthalts zeigt den naturkritischen, technikorientierten Faber, die Schilderung des Kubaaufenthalts dagegen die positive Naturerfahrung auf dem Meer, die Stilisierung der kubanischen Lebensfreude und die klischeehafte Amerika-Polemik.

Fabers Selbst- und Weltbild

Zwischengeschaltet ist der Bericht über seine Zeit mit Sabeth. Hier nennt Faber wesentliche Fakten, deutet aber den inzestuösen Charakter der Beziehung nur an. Seine Rechtfertigung zeigt **Schuld-**

Bericht über Sabeth

bewusstsein, genauso aber seine **Tendenz zur Verdrängung**, etwa wenn er nur von einem „Unfall“ spricht. Auch die Abschweifung in eine Reflexion über das Alter und das Rasieren ist symptomatisch für das Verdrängen, aber auch für seine Ich-Bezogenheit, die am Ende des Briefes nochmals deutlicher herausgestellt wird. Faber vergleicht Marcel und Sabeth in ihrem Interesse an Altertümern und damit an kultureller Erinnerung; er selbst setzt hier wiederum nur seine Perspektive des unmittelbaren Erlebens dagegen, die er auch schon beim Besuch des Museo Nationale in Rom (vgl. S. 110 ff.) gezeigt hat.

Bericht über Kuba

Deutlicher wird die **Flucht ins einfache Hier und Jetzt** im Kubateil des Briefes. Dass das Kuba-Erlebnis aber kaum Konsequenzen nach sich zieht, verdeutlichen Fabers unmittelbare und wiederum sehr **ichfixierte Pläne** für die Weiterreise und für seine Zukunft.

Motivische Gestaltung

Der Brief nimmt eine Reihe von Motiven auf, so den Komplex der **Todesmotive** (Schädel, Zähne, Magenschmerzen), das **Rasieren**, das **Schreiben mit der Maschine**, die Reflexion über die **Kontingenz**, d. h. den Zufall, der das Leben prägt und der für Faber eine entlastende Instanz ist. Sein **Verhältnis zur Natur** wird mehrfach thematisiert: zu Beginn in Form der bekannten Ablehnung der Natur als unberechenbar wuchernde Macht, dann in Form des Erlebnisses einer freundlichen Natur auf Kuba; dies zeigt sich im traditionellen Bild von Schifffahrt und Meer: das „geliehene“ Boot ist eine Anspielung auf Fabers Sterblichkeit, das Meer ist hier so ausgestaltet, dass es zur Metapher für die Sehnsucht nach entlastenden, entgegenkommenden Lebensumständen wird. Reflexiv ist das Bild der Kübelpflanze; sie zeigt eine kultivierte Natur, die aber latent bedrohlich sein könnte, da sie den Topf sprengt. Der Briefeschreiber nimmt die zerstörerische Kraft der Natur in diesem **Denkbild** aber nicht als Bedrohung wahr.

Sprachliche Gestaltung

Die Sprache des Briefes nimmt Fabers **lakonischen Duktus** mit seiner Neigung zu Ellipsen und Aposiopesen, mit seinem **Hang zu Ergänzungen und Abschweifungen** (bisweilen auch in Klammern) auf. Der Brief schlägt, auch wenn Faber den Adressaten schon seit einiger Zeit nicht gesehen hat, einen **recht vertraulichen Ton** an, weil Faber sich seinem Gegenüber nahe glaubt. Einige schwärmerische Formulierungen finden sich ebenfalls, die Fabers Einschätzung des Briefes als „unsachlich“ (Z. 39) entsprechen.

Checkliste zu Teilaufgabe 1

Aspekt	Ja	Teil-weise	Nein	Weiß nicht
INHALT				
Habe ich die für diese Textstelle wesentlichen Handlungselemente herangezogen?	☐	☐	☐	☐
Habe ich den Handlungsverlauf nachvollziehbar im Zusammenhang dargestellt?	☐	☐	☐	☐
Habe ich Handlungsverläufe begrifflich zusammengefasst?	☐	☐	☐	☐
SPRACHE UND STIL				
Ist meine Inhaltsangabe sprachlich korrekt (Präsens, Vorzeitigkeit im Perfekt, ggf. indirekte Rede etc.)?	☐	☐	☐	☐
Habe ich den Inhalt sachlich und ohne Dramatisierung dargestellt?	☐	☐	☐	☐

Checkliste zu Teilaufgabe 2

Aspekt	Ja	Teil-weise	Nein	Weiß nicht
ANGEMESSENHEIT				
Nehme ich im Brief auf einschlägige Elemente des Romangeschehens Bezug?	☐	☐	☐	☐
Wird in meinem Brief die Schreibsituation deutlich?	☐	☐	☐	☐
Greife ich im Brief relevante Textelemente auf und variiere sie?	☐	☐	☐	☐
Zeigt mein Brief eine vertiefende Interpretation des Romantextes?	☐	☐	☐	☐
PERSPEKTIVE				
Werden der Charakter, das Weltbild und das Selbstbild des Schreibenden durch den Brief deutlich?	☐	☐	☐	☐
Habe ich den Adressatenbezug des Briefes ausreichend berücksichtigt?	☐	☐	☐	☐
Habe ich den Schreibanlass berücksichtigt?	☐	☐	☐	☐

Ästhetik				
Habe ich die Textsorte des Briefes getroffen (Anrede, Datierung, Grußformel, Anrede des Adressaten)?	☐	☐	☐	☐
Folgt mein Brief einer klaren Komposition und einem nachvollziehbaren Aufbau?	☐	☐	☐	☐
Zeigt mein Brief eine angemessene Eigenständigkeit und Kreativität?	☐	☐	☐	☐
Habe ich die Sprache Fabers getroffen?	☐	☐	☐	☐

Checkliste zu Teilaufgabe 3

Aspekt	Ja	Teil-weise	Nein	Weiß nicht
Inhalt				
Habe ich die wichtigsten Entscheidungen und Konkretisierungen klar begründet? (zu den einzelnen Punkten vgl. Checkliste zu Teilaufgabe 2)	☐	☐	☐	☐
Habe ich alle Aspekte berücksichtigt, die in der Aufgabenstellung benannt werden?	☐	☐	☐	☐
Sprache und Stil				
Habe ich abwechslungsreich und differenziert formuliert?	☐	☐	☐	☐
Habe ich sachlich, d. h. nicht umgangssprachlich oder übertreibend, formuliert?	☐	☐	☐	☐
Habe ich zutreffende und präzise Fachbegriffe benutzt?	☐	☐	☐	☐

Klausuren Deutsch
Übungsaufgabe 7 – Analyse eines Sachtextes

Aufgabe

Analysieren Sie die Rede von Walter Krämer.

Walter Krämer
Petition: Deutsch ins Grundgesetz (2011)

Am 7. 11. 2011 wurde im Petitionsausschuss des deutschen Bundestages die Forderung verhandelt, Deutsch als Landessprache ins Grundgesetz aufzunehmen. In seiner Petition sprach sich der Sprachwissenschaftler Anatol Stefanowitsch gegen diese Grundgesetzänderung aus, Walter Krämer befürwortete sie mit dem folgenden Plädoyer.

Sehr geehrte Damen und Herren,

haben Sie ganz herzlichen Dank für die Möglichkeit, hier nochmals die wichtigsten Argumente unserer Petition zusammenzufassen. Dahinter stehe ich selbst als Hauptpetent sowie der Verein Deutsche Sprache e. V. (VDS) und der Verein für deutsche Kulturbeziehungen im Ausland (VDA). Zusammen liegen dem Petitionsausschuss weit über 50 000 Unterschriften vor, 5 000 über das Internet und der Rest auf Papier. Ganz ausdrücklich danke ich auch unseren Widersachern für ihre Gegenpetition, denn einen besseren Gefallen hätten sie uns kaum erweisen können: Genau dadurch zeigen sie ja, wie wichtig diese Sache ist. Wenn sie auch weniger als ein Zehntel unserer Stimmen haben, so ist dennoch daraus abzulesen, hier geht es um weit mehr als Petitessen. Ob oder ob nicht die deutsche Sprache im Grundgesetz verankert ist, ist nicht nur ein bloßes Symbol, als das es von einigen Gegnern unserer Petition oft angesehen wird, es hat eine ganze Reihe zwar indirekter, aber durchaus handfester Konsequenzen.

Ausgangspunkt unserer Petition ist ein geradezu dramatischer Bedeutungsschwund und Ansehensverlust der deutschen Sprache. Das fängt bei der EU in Brüssel an und hört bei der schwindenden Zahl der Deutschlerner weltweit oder bei der Fakultät Statistik an der TU Dortmund auf, wo ich meinen Lehrstuhl habe. Hätte ich da nicht die Studenten auf meiner Seite, wäre bei uns inzwischen Englisch als Unterrichtssprache in Masterstudiengängen vorgeschrieben. Auch das mehrere Millionen teure Marketingsdesaster, den weltweit anerkannten und hoch geschätzten deutschen Diplomingenieur durch einen nichtssagenden englischen Master zu ersetzen, wäre bei Deutsch im Grundgesetz vermutlich unterblieben. Und das geht in der Forschung nahtlos weiter. Wenn ich als deutscher Wissenschaftler von einer steuergeldfinanzierten deutschen Forschungseinrichtung – den Namen muss ich hier nicht nennen – Fördergelder beantrage, darf ich oft dafür kein Deutsch benutzen. Und dass man als deutscher Verbraucher heute ohne Wörterbuch im Supermarkt nicht mehr zurechtkommt, ist nur das i-Tüpfelchen auf diesem Sprachskandal, ganz zu schweigen von dem impliziten Appell an alle Zuwanderer, dass Deutsch zu lernen nicht so wichtig sei. Welche Auswirkungen das auf die Integration von Migranten hat, muss ich wohl nicht eigens noch betonen. [...]

Gegen diesen Bedeutungsschwund wollen wir etwas tun. Und wir glauben, ein Zusatz in § 22 des Grundgesetzes: „Die Sprache der Bundesrepublik ist Deutsch.“, wäre ein wichtiger Schritt dahin (selbstverständlich ergänzt durch einen Zusatz, dass Minderheitensprachen auch weiterhin zu schützen sind).

Mit dieser Meinung sind wir nicht allein, ich darf daran erinnern, dass der Präsident des Deutschen Bundestages unsere Forderung seit Jahren mit Nachdruck unterstützt. Dito Vizepräsident Wolfgang Thierse von der SPD und zahlreiche andere Mandatsträger aus fast allen im Parlament vertretenen Parteien. Und auch der erste Bürger im Staat steht hinter uns. Als er noch Ministerpräsident in Niedersachsen war, hat Christian Wulff[1] zu Protokoll gegeben: „Das Grundgesetz darf zwar nicht überfrachtet werden, aber bei der nächsten großen Grundgesetzreform gehört der Schutz der deutschen Sprache in die Verfassung.“

Und wenn man den einschlägigen Umfragen glauben darf, denkt eine große Mehrheit aller Wähler ebenso. Mir liegen Abstimmungen aus BILD, Stern, Welt, Märkische Allgemeine, Rheinische Post und Focus vor, mit Zustimmungsraten von 60 bis 95 Prozent. [...]

In unseren Nachbarländern ist das ohnehin selbstverständlich. 17 von 27 Mitgliedsländern der EU haben ihre jeweilige Amtssprache in der Verfassung festgelegt. Und wo noch nicht, wie in Schweden oder in den Niederlanden, gibt es starke Bestrebungen, das nachzuholen. Speziell Deutsch als Landessprache ist verankert in den Verfassungen von Belgien, Österreich, der Schweiz und Liechtenstein, da ist in Artikel 6 der Verfassung nachzulesen: „Die deutsche Sprache ist die Amts- und Staatssprache.“

Wie gesagt, nicht Deutschland, sondern Liechtenstein. Deshalb kann ich auch das Argument nicht nachvollziehen, dass Selbstverständlichkeiten nicht in eine Verfassung gehörten. Denn erstens ist Deutsch zu reden in Deutschland heute alles andere als selbstverständlich, und zweitens quillt unser Grundgesetz geradezu über von Dingen, die eigentlich selbstverständlich sind. Artikel 3: Gleichheit vor dem Gesetz, Artikel 5: Freiheit der Meinung, Artikel 11: Freizügigkeit, oder Artikel 16a: „Politisch Verfolgte genießen Asylrecht.“ Wenn das nicht selbstverständlich ist, was denn sonst. [...]

Und auch die anderen Argumente der Gegenseite können mich nicht überzeugen. Ich halte die für vorgeschoben. So wie ich das sehe, kommen die zu einem guten Teil aus dem gleichen weltanschaulichen Lager, das die 50 verlorenen Jahre misslungener Integrationspolitik zumindest mit zu verantworten hat und das sich nun herauszureden sucht. Ist denn noch niemandem aufgefallen, dass die heftigsten Proteste aus Migrantenkreisen von denen kommen, nämlich den türkischen, deren Integrationsbereitschaft am meisten anzuzweifeln ist?

Der Zentralrat der Juden dagegen, die auch zahlreiche Migranten, speziell aus Osteuropa, in ihren Gemeinden haben, hat unsere Initiative begrüßt. Ich zitiere dessen Generalsekretär Stephan Kramer: „Ein bisschen mehr gesunder Patriotismus würde uns Deutschen gelegentlich gut tun.“ Hierzu nur als kleine Nebenbemerkung, dass natürlich Türkisch als Amtssprache der Türkei in der türkischen Verfassung ganz klar festgeschrieben ist.

Und der Vorwurf, unsere Forderung sei ausländerfeindlich, ist so lächerlich, da kann ich nur mit Konrad Adenauer sprechen: Dergleichen Unsinn ignoriere ich noch nicht einmal. Dann wären ja 17 von 27 EU Mitgliedsstaaten ausländerfeindlich. Herr Stefanowitsch: Haben Sie das schon einmal einem Franzosen, Portugiesen oder Österreicher gesagt? Da würden Sie doch einfach ausgelacht. [...]

Ich glaube also, es würde dem friedlichen Zusammenleben der Völker dieser Erde eher nutzen, wenn wir Deutsche zur Abwechslung einmal das täten, was alle anderen tun. Von deutschen Sonderwegen hat die Welt genug gesehen. Passen wir uns einfach der großen Mehrheit aller anderen Länder und der großen Mehrheit aller Wähler unseres eigenen Landes an.

Und genau darum bitten wir mit unserer Petition.

Aus: Sprachnachrichten, Nr. 52, Dezember 2011, S. 10.

Anmerkung:
1 *Christian Wulff:* deutscher Bundespräsident von 2010 bis Anfang 2012, zuvor von 2003 bis 2010 Ministerpräsident von Niedersachsen.

Hinweise und Tipps

Die Analyse eines Sachtextes, im vorliegenden Fall einer Rede, bezweckt die Offenlegung seiner **gedanklich-argumentativen Struktur** und **sprachlichen Komposition**. Beachten Sie deshalb, dass Sie an die Inhalte des vorliegenden Textes gebunden sind und sich von diesen nicht lösen dürfen.

Die vorliegende Rede möchte **überzeugen** – wovon, sollten Sie zunächst klären, damit Sie den argumentativen Unterbau möglichst zielgerichtet aufschlüsseln können. Es ist hilfreich, die identifizierten **Argumentationsblöcke** strukturiert herauszuschreiben und beispielsweise durch Pfeile zu visualisieren, wie diese miteinander verknüpft sind. Bei der Aufschlüsselung der Argumentation sollte auch erfasst werden, wie die Argumente genauer beschaffen sind – um was für eine Art von Argument handelt es sich, wird es mit Belegen gestützt, werden Beispiele angeführt?
Bei einer Sachtextanalyse ist auch auf die **sprachlichen** bzw. **rhetorischen Mittel** einzugehen. Ein kompetenter Rhetoriker kann nur allzu leicht über Schwächen in seiner Argumentation hinwegtäuschen, indem er durch Sprache besticht.
Auch **textsortenspezifische Merkmale** gilt es zu beachten: Bei dieser Rede beispielsweise lassen sich die einleitende Ansprache der Zuhörer oder auch das Eingehen auf einen Gegenredner anführen.

Die Analyse sollte durch einen **Basissatz**, der alle wesentlichen Rahmeninformationen zum vorliegenden Text beinhaltet, eröffnet und mit einem **Fazit** abgeschlossen werden, das beispielsweise die wesentlichen Beobachtungen noch einmal prägnant zusammenfasst.

Lösungsvorschlag

Einleitung mit Rahmeninformationen

Walter Krämer plädiert in seiner Petition „Deutsch ins Grundgesetz“ aus dem Jahr 2011 im Namen des *Vereins Deutsche Sprache* und des *Vereins für deutsche Kulturbeziehungen im Ausland* für die Verankerung der deutschen Sprache im Grundgesetz.

Aufbau und Argumentationsstruktur der Rede

Nach einführenden Worten zur allgemeinen Bedeutung und Grundlage der Petition (vgl. Z. 1–14) **legt** Krämer den **argumentativen Ausgangspunkt** – die Beobachtung, dass die deutsche Sprache zunehmend an Bedeutung verliere – an verschiedenen Beispielen **dar** (vgl. Z. 15–31). Die Verankerung der deutschen Sprache im Grundgesetz **erklärt** er **zu einem Mittel**, um diesem Bedeutungsverlust **entgegenzuwirken** (vgl. Z. 32–35). In seinem Argumentationsteil **beruft** er **sich** auf bekannte Persönlichkeiten, auf Institutionen und auf Umfragen, **stellt** dem deutschen Sonderweg die europäische Normalität **gegenüber** und **diskreditiert** Argumente der Gegenseite (vgl. Z. 36–79). Aus seiner Argumentation **leitet** Krämer schließlich das Erfordernis einer Grundgesetzänderung **ab** (vgl. Z. 80–85).

Analyse

Eröffnung des Plädoyers: breite Unterstützung

Krämer eröffnet sein Plädoyer nach der für die **Textsorte der Rede** typischen Ansprache der Zuhörenden mit dem Hinweis, dass seine Petition bereits **breite Unterstützung** in Form von 50 000 Unterschriften erfahren habe. Er sieht dadurch die **Wichtigkeit seines Anliegens** betont – aber auch durch den Umstand, dass ihm eine Gegenpetition vorliege, für die er sich ironisch bedankt („einen besseren Gefallen hätten sie uns kaum erweisen können“, Z. 8). Das opponierende Lager – von Krämer hyperbolisch als „unsere[] Widersacher[]“ (Z. 7) bezeichnet – demonstriere durch sein Aufbegehren, dass seine Forderung keine „Petitesse“ (Z. 11), keine Kleinigkeit darstelle. Wieso eine Umsetzung seiner Petition nicht nur symbolische (vgl. Z. 12), sondern „durchaus handfeste[] Konsequenzen“ (Z. 13 f.) nach sich zöge, versucht er im nachfolgenden argumentativen Kern seiner Rede darzulegen.

Berücksichtigung sprachlicher Mittel (Ironie und Hyperbel)

Argumentation

Darlegung der Argumentationsstruktur *(Ausgangspunkt Bedeutungsverlust der deutschen Sprache)* und seiner Beispiele

Krämer beginnt seine Argumentation mit einer **Bestandsaufname:** Die deutsche Sprache sehe sich einem „dramatische[n] Bedeutungsschwund und Ansehensverlust“ (Z. 15 f.) ausgesetzt – er spannt dabei veranschaulichend den Bogen von „der EU in Brüssel“ (Z. 16) bis zur „schwindenden Zahl der Deutschlerner weltweit“ (Z. 17) und suggeriert damit: Es besteht kein explizit deutsches, sondern ein europäisches, wenn nicht sogar globales Problem. Um dem möglichen Vorwurf, er stelle wilde Behauptungen in den Raum, vorzugreifen, weist Krämer sich als **Mann der Praxis** aus, der aus ebenjener berichte: Er besitze einen Lehrstuhl an der Fakultät Statistik der TU Dortmund (vgl. Z. 17 f.) und sei direkt von dem Problem betroffen, auf das er aufmerksam machen möchte. Deutsch drohe von Englisch als Unterrichtssprache verdrängt zu werden (vgl.

Bezug des Redners zur Thematik

Z. 18 ff.). Die Ablösung des deutschen Diploms durch den internationalen Abschluss Master verurteilt er abschätzig durch eine antithetische Gegenüberstellung („hoch geschätzten […] nichtssagenden", Z. 21 f.) und ironisiert sie als ein „mehrere Millionen teure[s] Marketingsdesaster" (Z. 20 f.) – in anderen Worten: Der **Wandel vom Diplom zum Master** sei ein **Etikettenschwindel**, der einen qualifizierten deutschen Hochschulabschluss im Bemühen um Internationalität abwerte und beliebig erscheinen lasse.

Berücksichtigung sprachlicher Mittel (antithetische Gegenüberstellung)

Krämer weitet seine **Kritik** an der deutschen **Hochschullandschaft** weiter aus, wenn er beschreibt, dass er „als deutscher Wissenschaftler" Fördergelder „von einer steuergeldfinanzierten deutschen Forschungseinrichtung" (Z. 24 f.) oftmals nicht auf Deutsch beantragen dürfe. Seine hierbei wiederholte Verwendung des Begriffsfeldes „Deutsch" soll signalisieren: Hier liegt ein elementarer, absurd anmutender Widerspruch vor. Rhetorisch geschickt verbalisiert er dabei seinen Verzicht auf die namentliche Nennung der betreffenden Einrichtung und suggeriert damit, dass das beschriebene Problem ein weithin bekanntes sei. Krämer holt im Anschluss noch weiter aus und bemängelt die **Fremdsprachlichkeit im Konsumwesen** (vgl. Z. 26 f.) wie auch den „**impliziten Appell** an alle Zuwanderer, dass Deutsch zu lernen nicht so wichtig sei" (Z. 29 f.), den er als Widerspruch zum deutschen Bemühen um die Integration von Migranten wahrnimmt (vgl. Z. 30). Erneut **agiert** er **bewusst mit Auslassungen** und verzichtet auf Konkretisierungen, um die Allgegenwärtigkeit der von ihm nur knapp angerissenen Probleme und das vermeintliche Bewusstsein dafür in der deutschen Bevölkerung zu unterstreichen. Krämer resümiert, erneut hyperbolisch und durchaus polemisch: Es liege ein regelrechter „**Sprachskandal**" (Z. 28) vor.

Kennzeichnung der Argumentationsstruktur (Ausweitung)

Berücksichtigung der Wortwahl

Beschreibung des rhetorischen Geschicks des Redners

Kennzeichnung der Argumentationsweise (Auslassungen …)

Herausstellen des argumentativen Sprechakts (Resümee)

Aus dem **Bedeutungsverlust** der deutschen Sprache, den Krämer belegt zu haben meint, leitet der Redner die **Forderung** ab, dass im Grundgesetz der Zusatz „Die Sprache der Bundesrepublik ist Deutsch" aufgenommen werden soll (vgl. Z. 32 ff.). Diesen will er aber **nicht als Kampfansage an Minderheitensprachen** verstanden wissen: Selbstverständlich seien „Minderheitensprachen auch weiterhin zu schützen" (Z. 34 f.). Diese Klarstellung seinerseits darf **taktisch** als durchaus geschickt bewertet werden, suggeriert sie doch, dass Sprachen allgemein einen berechtigten Anspruch auf Schutz haben und ebenjener Schutz auch dem Deutschen nicht verwehrt bleiben sollte. Zudem nimmt sie denen Wind aus den Segeln, die die Petition als minderheitenfeindlich anprangern wollen.

Forderung: Grundgesetzänderung

Aufzeigen der Argumentationsstruktur (Ableiten)

Verdeutlichen der rednerischen Taktik

Um zu verdeutlichen, dass er mit seiner Forderung nicht allein auf weiter Flur steht, **beruft** er sich im Anschluss auf zahlreiche **Autoritäten**, die seine Position teilen: Er nennt den „Präsident[en] des Deutschen Bundestages", „Vizepräsident Wolfgang Thierse von

Unterstützer

Kennzeichnung der Argumentationsweise (Autoritätsargumente)

der SPD und zahlreiche andere Mandatsträger aus fast allen im Parlament vertretenen Parteien" (Z. 36–39) wie auch den zum Zeitpunkt der Rede amtierenden Bundespräsidenten Christian Wulff, dem er mit der umschreibenden Periphrase „der erste Bürger im Staat" (Z. 39 f.) besonderes Gewicht verleiht. Krämers Querschnitt durch die deutsche Parteienlandschaft und sein Hinweis auf die Unterstützung des Staatsoberhauptes sollen zeigen, dass die von ihm angestrebte Verankerung der deutschen Sprache im Grundgesetz nicht politisches, zwischenparteiliches Geplänkel, sondern eine **berechtigte Forderung aller deutschen Bürger** darstelle. Letztere lässt er in Form von diversen Umfrageergebnissen aus bekannten Publikationen (vgl. Z. 44 ff.) selbst sprechen und bedient sich damit eines **Faktenarguments**. Er weist auf „Zustimmungsraten von 60 bis 95 Prozent" (Z. 46 f.) hin.

Berücksichtigung sprachlicher Mittel (Periphrase)

Fachbegriff für Beschaffenheit eines Arguments

Krämer weitet nachfolgend den Blick, indem er nicht mehr ausschließlich national, sondern nun auch **international** argumentiert. Er versucht zu belegen, dass eine verfassungsrechtliche Verankerung der Amtssprache **europäische Normalität** sei: Diese sei schließlich in „17 von 27 Mitgliedsländern der EU" (Z. 48 f.) bereits realisiert, weitere Länder seien „stark[]" (Z. 50) bestrebt, diesem Beispiel zu folgen. In diesem Zusammenhang weist er darauf hin, dass Deutsch als Landessprache in den Verfassungen Belgiens, Österreichs, der Schweiz und Liechtensteins festgeschrieben sei (vgl. Z. 51 f.). Letzteres erfährt durch ihn eine doppelte Nennung, um die absurd anmutende Diskrepanz zwischen dem sehr bevölkerungsarmen Binnenstaat und der eigentlichen Heimat der deutschen Sprache, der 82 Millionen Einwohner umfassenden Bundesrepublik Deutschland, aufzuzeigen. Das Argument der **Opposition**, **Deutsch** sei als Amts- und Staatssprache eine **Selbstverständlichkeit** und eine grundgesetzliche Verankerung sei deshalb unnötig, nutzt Krämer in diesem Kontext zu seinen Gunsten – er weist auf vielerlei grundlegende, unser demokratisches Zusammenleben konstituierende „Selbstverständlichkeiten" hin, die dennoch ihren Weg ins Grundgesetz gefunden hätten, u. a. die Gleichheit vor dem Gesetz, die Freiheit der Meinung und die Freizügigkeit (vgl. Z. 57–61). Krämer stellt schließlich in Form einer rhetorischen Frage fest, „dass die heftigsten Proteste aus Migrantenkreisen" kämen, „deren Integrationsbereitschaft am meisten anzuzweifeln [sei]" (Z. 66 ff.). Er verzichtet darauf, seine – zweifellos polarisierende und abgegriffene **Stereotypen** bemühende – Behauptung konkret zu belegen; es scheint ihm mehr daran gelegen, Stimmungen aufzugreifen, sie für seine Zwecke nutzbar zu machen und seine Zuhörer davon zu überzeugen: Die Stimmen gegen seine Petition werden nicht innerhalb der deutschen Bevölkerung laut.

Europäischer Kontext

Kennzeichnung der Argumentation: Weitung des Blicks

Kennzeichnung der Argumentationsweise (Entkräftung von Gegenpositionen)

Berücksichtigung sprachlicher Mittel (rhetorische Fragen)

Erfassen eines Argumentationsmangels (Behauptung ohne Beleg) und Ableiten einer Intention

Während sein **offener Affront gegen Migranten** argumentative Stichhaltigkeit und neutrale Sachlichkeit vermissen lässt, **besticht sein letztes Argument** um einiges mehr: Der **Zentralrat der Juden** begrüße seine Initiative (vgl. Z. 69 f.). Krämer zitiert dessen Generalsekretär mit folgenden Worten: „Ein bisschen mehr gesunder Patriotismus würde uns Deutschen gelegentlich gut tun." (Z. 71 f.)

Weitere Unterstützer

Wertung von Argumenten

Diese Berufung auf eine Autorität suggeriert, dass die jüdische Bevölkerung – dem nationalistisch motivierten und von deutscher Hand geführten Holocaust zum Trotz – hinter der Petition **keine fremdenfeindliche**, sondern eine **patriotische Motivation** sehe, die nicht nur verstanden, sondern auch mitgetragen werde. Im selben Atemzug macht er sich mit dem Adverb „natürlich" (Z. 73) über die von ihm angenommenen Gegner seiner Forderung lustig, in deren Heimatland, der Türkei, Türkisch als Amtssprache in der Verfassung festgeschrieben sei (vgl. Z. 72 ff.). Damit möchte er den Einspruch der Gegner als **fadenscheinig entlarven** und damit **diskreditieren**.

Kennzeichnung der Argumentation (Berufen auf eine Autorität)

Verwendung von Fachbegriffen (Adverb)

Darlegung einer Argumentationsstrategie

In **direkter Ansprache** eines Vertreters der Gegenposition, des Sprachwissenschaftlers Anatol Stefanowitsch, der die Gegenpetition verfasst hat, will er vor dem Hintergrund der vielen Staaten, in deren Verfassung die Landessprache verankert ist, das Argument entkräften, dass die Grundgesetzänderung ausländerfeindlich sei.

Eingehen auf die Gegenposition

Krämer resümiert, dass **Deutschland** sein Dasein **als Einzelgänger** im Sinne eines „friedlichen Zusammenleben[s] der Völker dieser Erde" (Z. 80) **aufgeben** und sich „der großen Mehrheit aller anderen Länder und der großen Mehrheit aller Wähler unseres eigenen Landes" (Z. 83 ff.) anpassen müsse – seine Petition sei Ausdruck dieser Notwendigkeit.

Herausstellen des argumentativen Sprechakts (Resümee)

Krämer argumentiert in seiner Petition **wortgewaltig und leidenschaftlich**, allerdings **nicht immer stichhaltig** für eine **Verankerung der deutschen Sprache im Grundgesetz**. Während Argumente wie die Überfrachtung des Deutschen mit Lehnwörtern und eine gesamteuropäische Tendenz zur verfassungsrechtlichen Verankerung der jeweiligen Landessprache durchaus **Überzeugungskraft** besitzen, trägt insbesondere sein Angriff auf türkischstämmige Minderheiten **polemische und vorurteilsbestimmte Züge**, die er allerdings rhetorisch zu verschleiern versucht.

Fazit mit prägnanter Zusammenfassung und abschließender kurzer Wertung

Checkliste

Aspekt	Ja	Teil-weise	Nein	Weiß nicht
Aufbau				
Habe ich eine Einleitung formuliert, die alle wesentlichen Rahmeninformationen zur vorliegenden Rede enthält?	☐	☐	☐	☐
Habe ich einen Schlussteil verfasst, in dem ich zum Beispiel die zentralen Analyseergebnisse aus dem Hauptteil noch einmal zusammengefasst habe?	☐	☐	☐	☐
Ist mein Aufsatz klar strukturiert?	☐	☐	☐	☐
Analyse				
Folgt meine Untersuchung der Rede einem konsequenten und nachvollziehbaren Aufbau?	☐	☐	☐	☐
Habe ich die Argumentationsstruktur der zu analysierenden Rede klar herausgearbeitet?	☐	☐	☐	☐
Habe ich die sprachliche und rhetorische Gestaltung berücksichtigt?	☐	☐	☐	☐
Habe ich die inhaltlichen und sprachlich-rhetorischen Befunde sinnvoll miteinander verknüpft?	☐	☐	☐	☐
Habe ich meine Behauptungen am Text belegt?	☐	☐	☐	☐
Habe ich meine Befunde mit Textverweisen/-zitaten belegt?	☐	☐	☐	☐
Sprache und Stil				
Habe ich abwechslungsreich und differenziert formuliert?	☐	☐	☐	☐
Habe ich sachlich, d. h. nicht umgangssprachlich oder übertreibend, formuliert?	☐	☐	☐	☐
Habe ich zutreffende und präzise Fachbegriffe verwendet?	☐	☐	☐	☐
Habe ich Fremdmeinungen als solche kenntlich gemacht – beispielsweise durch den Gebrauch des Konjunktivs bei der indirekten Rede?	☐	☐	☐	☐

Klausuren Deutsch
Übungsaufgabe 8 – Erörterung eines Sachtextes

Aufgaben Gewichtung

1. Geben Sie die wesentlichen Aussagen und die Argumentation des Textes strukturiert wieder. 35 %
2. Erörtern Sie die Überlegungen des Autors zur literarischen Bildung unter Einbeziehung Ihrer eigenen Leseerfahrung. 65 %

Dietrich Schwanitz (1940–2004)
Literarische Bildung (1999)

Literatur macht die komplexen Zusammenhänge zwischen sozialen Prozessen und Lebensläufen von Einzelpersonen zitierbar, indem sie ihnen ein Gesicht und eine Adresse gibt. In ihren Geschichten verkörpern sich typische Schicksale, die dann durch die zugehörigen Figuren eine konkrete Physiognomie bekommen: Hamlet, Don Juan, Faust, Shylock, Robinson Crusoe, Don Quijote, Ödipus, Lady Macbeth, Anna Karenina, Romeo und Julia, Alice in Wonderland, Frankenstein etc. Wie lebende Personen auch sind sie Kompaktinformationen: Zusammen bilden diese Figuren einen Freundeskreis, den alle Mitglieder einer Gesellschaft miteinander teilen. Die Literaturkritik ist dann der Klatsch über die gemeinsamen Bekannten, an dem die Beteiligten ihre Urteile mit anderen vergleichen können.

Nun gibt es ein verbreitetes Vorurteil sowohl gegen den Klatsch als auch gegen die Literatur: Es ist männlich eingefärbt und läuft auf die Behauptung hinaus, beides sei nicht ganz seriös und ein Zeitvertreib für Frauen. Tatsächlich lesen Frauen häufiger Literatur, weil sie sich offenbar mehr für Geschichten, für Personen und für Schicksale interessieren. Aber all den Männern sei gesagt: Anders als durch Geschichten kann man „Zeit“ nicht beobachten. Nur sie bieten die Logik von Ablaufprogrammen. Nur über sie lassen sich solche nichtlinearen Prozesse wahrnehmen, wie etwa self-fulfilling prophecies, also Prophezeiungen, die sich selbst erfüllen wie die Annahme: Alle halten mich für verrückt. Wer von diesem Gedanken besessen ist, hat bald recht. Und nur vermittels der Geschichten, die man an anderen beobachtet, kann man die Abläufe beobachten, in denen man selbst steckt.

Wenn man z. B. den *Don Quijote* nicht kennt, verstrickt man sich leichter in Kämpfe gegen Windmühlenflügel; wenn man Millers *Hexenjagd*[1] nicht gelesen hat, wird man vielleicht schneller zum Mitglied einer bewusstlosen Meute, die ein Mobbing-Opfer jagt. Nur über die Lektüre von Literatur gewinnt man Distanz zu sich selbst. Und manch eine Tochter, die gerade ihren Vater ins Altersheim gepackt hat, mag sich nach einem Theaterbesuch und *König Lear*[2] anders sehen.

Freilich ist zuzugeben: In großem Maße haben es heute die Massenmedien übernommen, den Bedarf unserer Gesellschaft an Geschichten zu bedienen, allen voran der Film und das Fernsehen. Jedoch gibt es etwas, was in aller Deutlichkeit nur der Roman zeigen kann: das ist die Innenansicht einer Figur. Nur im Roman können wir miterleben, wie es sich anfühlt, ein Mobbing-Opfer zu sein. Im Film sehen wir zwar die gejagte Figur in allen ihren Situationen und können uns mit ihrem Schicksal identifizieren, aber wir beobachten sie nur von außen. Im Roman dagegen erleben wir das Mobbing so wie das Opfer selbst, d. h. wir sehen die Welt aus seinen Augen und teilen seine Erlebnisse.

Darin ist der Roman einzigartig. Er macht etwas möglich, was es weder in einer anderen Kunstgattung noch in der Realität gibt: Die Welt aus der Perspektive eines anderen Menschen zu erleben und gleichzeitig dieses Erleben zu beobachten.

Nun eignet der literarischen Bildung eine gewisse tückische Qualität: Literaturlektüre kann man nicht verordnen. Man muss freiwillig lesen. Darin ist die Literatur wie die Liebe: Sie muss zum Lesen verführen. Lesen, weil man muss, heißt die Liebe zur ehelichen Pflicht zu machen.

Dieser Zwang zur Freiwilligkeit macht aber aus der Literatur ein um so gnadenloseres Testverfahren, als guter Wille nicht genügt. Die Prüfung der Sensibilität wird an Spontaneität gekoppelt. Man muss sich ja nicht andauernd verlieben, aber wenn man es nicht wenigstens einmal tut, wirft das ein düsteres Licht auf die seelische Verfassung. Entsprechend muss man nicht jeden großen Roman lesen, aber wer gar keinen liest, ist doch eine Art Neandertaler.

Daraus ergibt sich ein vernünftiger Ratschlag, der vor allem an Männer gerichtet ist (Frauen lesen sowieso). So wie früher ein Jüngling dadurch in die Geheimnisse der körperlichen Liebe eingeführt wurde, dass man ihn ins Bordell steckte, wo eine bewährte Kurtisane ihn behutsam, aber gegen Bezahlung über die Hemmschwelle trug, so sollte jeder gewissermaßen zur Initiation aus Pflichtgefühl einen großen Roman lesen, um sich danach seinen eigenen Impulsen zu überlassen. Er kann dann erleichtert „Nie wieder" sagen oder aber auf den Geschmack gekommen sein. Auf jeden Fall überquert er mit der Kenntnis eines großen Romans die Grenze zwischen literarischer Bildung und Unbildung im Bildungsspiel.

Aus: Dietrich Schwanitz: Bildung. Alles, was man wissen muß. Eichborn: Frankfurt am Main, 1999. S. 515–517.

Anmerkungen:
1 *Hexenjagd:* Drama von A. Miller; thematisiert die Verfolgung von Andersdenkenden in den USA.
2 *König Lear:* Drama von W. Shakespeare, in dem einem alten König von zweien seiner drei Töchter übel mitgespielt wird.

Hinweise und Tipps zu Teilaufgabe 1

Auch wenn der Schwerpunkt der Aufgabe auf der Texterörterung und nicht auf der Textanalyse liegt, ist Teilaufgabe 1 sehr wichtig, da das genaue Textverständnis die Grundlage des gesamten Aufsatzes bildet. Eine differenzierte Auseinandersetzung mit dem Text kann nur gelingen, wenn dieser zunächst in seiner Argumentation genau erfasst wurde. Daher gilt es, den Text sehr genau und mehrfach zu lesen. **Markieren** Sie dabei Schlüsselbegriffe und wichtige Textstellen. **Gliedern** Sie den Text in Abschnitte und **notieren** Sie am Rand Teilüberschriften, z. B. zu einzelnen im Text betrachteten Aspekten des Themas. Markieren Sie Thesen, Argumente und Beispiele möglichst genau. Machen Sie sich anhand von **Stichworten** den Argumentationsgang des Autors und die von ihm vertretene Position im Hinblick auf das Thema klar.
Beachten Sie schon bei der Textuntersuchung, dass hier keine vollständige und detaillierte Analyse gefordert ist – so ist beispielsweise eine Darstellung der sprachlichen Gestaltung nicht verlangt.

Beginnen Sie die **strukturierte Wiedergabe** der Aussagen und der Argumentation des Ausgangstextes mit einem **einleitenden Teil**, der Autor, Titel, Textart und die **zentrale Problemstellung des Textes** benennt. Es ist sinnvoll, im Anschluss erst einmal die **Position des Autors** möglichst prägnant zusammenzufassen. Skizzieren Sie dann den **Gang der Argumentation:** Benennen Sie zentrale Thesen und Argumente und geben Sie dabei auch zusammenfassend Beispiele und Belege, die der Autor in seiner Argumentation anführt, wieder. Textstellen sind mit Zeilenangaben zu zitieren. Achten Sie aber darauf, die Argumentation des Textes im Wesentlichen mit **eigenen Worten** zu erfassen – und nicht etwa durch eine Montage von Versatzstücken des Textes. Beachten Sie dabei den korrekten Gebrauch der indirekten Rede (Konjunktiv), um deutlich zu machen, dass Sie nicht Ihre eigenen Gedanken äußern oder Fakten nennen, sondern den Gedankengang des Autors wiedergeben. Auffällige sprachliche Mittel wie rhetorische Fragen, Ironie o. Ä. können in diesem Zusammenhang genannt werden, gehören aber nicht zu den verpflichtenden Aspekten dieser Textuntersuchung.

Eine Bewertung oder Kommentierung der Aussagen des Autors ist in diesem Teil der Klausur noch nicht gefragt. Verbleiben Sie deshalb in Ihrer Darstellung auf der Ebene des vorgegebenen Textes.
Auch wenn von Ihnen keine detaillierte Textanalyse erwartet wird, so müssen Sie bei dieser ersten Teilaufgabe doch mehr leisten als eine reine Inhaltsangabe oder gar eine „Nacherzählung" des Textes. Es gilt zu zeigen, dass Sie die **Argumentation** und die **Position des Verfassers verstanden** haben sowie präzise und **zusammenfassend beschreiben** können.

Lösungsvorschlag zu Teilaufgabe 1

In dem Kapitel „Literarische Bildung" aus seinem Buch „Bildung. Alles, was man wissen muß" aus dem Jahr 1999 beschäftigt sich Dietrich Schwanitz mit der **Notwendigkeit der Vermittlung von Lektüreerfahrungen**. Er vertritt die These, dass die **Lektüre zumindest eines großen Romans unerlässlich** sei. Diese Auffassung begründet er mit der Einzigartigkeit der Literatur und deren lebenspraktischer und psychologischer Bedeutung, die er an Beispielen aus der Weltliteratur zu belegen versucht.

Einleitung mit Primärinformationen und präziser Themenbenennung

Position und zentrale Thesen des Autors

Zur Begründung seiner These von der Einzigartigkeit und der lebenspraktischen Funktion von Literatur führt er drei Argumente an. Schwanitz behauptet, dass nur **durch Literatur soziale Prozesse und menschliche Schicksale zitierbar** würden und zum gemeinsamen Erfahrungsschatz einer Gesellschaft gehörten, und vergleicht die Literaturkritik mit dem „Klatsch über die gemeinsamen Bekannten" (Z. 9). Daraus erklärt sich Schwanitz' Meinung nach auch die geschlechtsspezifisch unterschiedliche Wertschätzung von Literatur. Während Frauen sich für Personen und Schicksale und damit auch für Literatur interessieren würden, gelte Männern Literatur häufig als unseriös und als Zeitvertreib für Frauen.

Gliederung der Argumentation (3 Argumente)

Argument 1: Gesellschaftliche Bedeutung von Literatur

Dem setzt Schwanitz das ausdrücklich an Männer gerichtete zweite Argument entgegen, dass nur Literatur es ermögliche, **Zeit** zu **beobachten** und nicht lineare, **psychologische Prozesse erfahrbar** zu **machen**. Mit **drei Beispielen** aus der Literatur veranschaulicht er seine Ansicht, dass man über Literatur Distanz zu sich selbst gewinnen kann und Literatur insofern zu einem Medium der Selbstreflexion eigenen Handelns werden kann.

Argument 2: Einzigartigkeit von Literatur (macht Zeit erfahrbar)

Schwanitz räumt ein, dass zunehmend Massenmedien Identifikationsangebote machen, grenzt dazu aber in seinem dritten Argument den Roman ab. Allein dieser bietet nach Meinung des Verfassers die Möglichkeit, in die Perspektive einer anderen Person einzutauchen und gleichzeitig dieses Erleben zu beobachten.

Argument 3: Besonderheit des Romans (bietet Innensicht einer Figur)

Aus dieser einzigartigen Bedeutung des Romans leitet er seine zentrale Forderung ab: Auch wenn Literaturlektüre, die er mit der Liebe vergleicht, grundsätzlich nicht erzwungen werden könne, sondern Literatur zum Lesen verführen müsse, **sollte jeder zumindest einen großen Roman lesen**. Er richtet diesen **Ratschlag explizit an die Männer** und vergleicht den darin liegenden Initiationsgedanken mit dem Bordellbesuch, der früher jungen Männern verordnet wurde, um die körperliche Liebe kennenzulernen. Schwanitz schließt seine Ausführungen mit der These, dass man mit der Lektüre eines großen Romans die „Grenze zwischen literarischer Bildung und Unbildung" (Z. 57) überschritten habe.

Zentrale Forderung: Jeder sollte zumindest einen großen Roman lesen

These zur literarischen Bildung

Hinweise und Tipps zu Teilaufgabe 2

In der zweiten Teilaufgabe wird von Ihnen erwartet, dass Sie sich mit der Problemstellung und den vom Autor vertretenen **Thesen und Argumenten auseinandersetzen**, einen begründeten eigenen **Standpunkt entwickeln** und zu einer abschließenden differenzierten **eigenen Stellungnahme** gelangen.
Der Operator *Erörtern* bedeutet, dass Sie von dem Text ausgehen und die Argumentation des Autors auf ihren **Wert** und ihre **Stichhaltigkeit** überprüfen sollen. Dabei ist ein enger Textbezug erforderlich, d. h., Sie zitieren Passagen des Textes bzw. verweisen auf diese in Zeilenangaben. Wichtig ist in diesem Teil, dass Sie den Text nicht paraphrasieren, d. h., mit anderen Worten genau das wiedergeben, was der Autor schreibt, aber sich auch nicht völlig losgelöst vom Text äußern. Diese „Gratwanderung" gelingt Ihnen am besten, wenn Sie zunächst alle Äußerungen des Autors (dazu gehören Thesen, Argumente und Beispiele) notieren, auf die Sie eingehen möchten.
Grundsätzlich ist die eigene Auseinandersetzung mit den Aussagen des Autors davon abhängig, inwieweit man der Position des Autors und seinen Argumenten zustimmt.
Dabei gibt es grundsätzlich **drei Möglichkeiten:**

1. Sie **stimmen** mit der Position des Autors **überein**. Dann sollten Sie dessen Thesen durch eigene Erkenntnisse und Erfahrungen ergänzen. Zudem können Sie mögliche Gegenpositionen entkräften und so die Argumentation stützen und erweitern.
2. Sie **stimmen** mit der Position des Autors **nicht überein**. In diesem Fall widerlegen Sie diese mit Gegenargumenten und -beispielen und entkräften seine Argumente und Beispiele. Sie zweifeln z. B. begründet an der Schlüssigkeit der Argumentation und weisen auf einseitige Sichtweisen, logische Brüche o. Ä. hin.
3. Sie **stimmen teilweise** mit der Position des Autors **überein**. Dies ist z. B. der Fall, wenn Sie die vom Autor vertretene(n) These(n) grundsätzlich akzeptieren, aber ihre Geltung eingrenzen. Sie setzen sich in diesem Fall mit der Argumentation auseinander, indem Sie differenzierende Ergänzungen vornehmen, Aspekte hinzufügen, ergänzen oder relativieren.

Bei der vorliegenden Aufgabe bietet Ihnen die Aufgabenstellung insofern eine Hilfe, als nach Ihrer **eigenen Leseerfahrung** gefragt wird. Diese sollten Sie unbedingt in Ihre Argumentation einbeziehen.
Insgesamt ist es in diesem Aufgabenteil nicht erforderlich, sich an die Chronologie des Textes zu halten. Je nach dem Grad der Zustimmung kann es sinnvoll sein, zunächst mit den Aspekten des Textes zu beginnen, in denen Sie dem Autor zustimmen, und davon ausgehend Ergänzungen bzw. Gegenargumente zu formulieren. Damit Ihre eigene Argumentation stichhaltig ist, müssen Sie diese sorgfältig vorbereiten. **Vermeiden** Sie **assoziatives Schreiben** zur Textvorlage, verwenden Sie besser viel Zeit darauf, **sich Stichworte zu machen** und eine **sinnvolle Gliederung** zu entwickeln.
Ihre **eigene Stellungnahme** zu der Problemstellung des Textes muss sich logisch **nachvollziehbar** aus Ihrer Auseinandersetzung mit dem Text, den von Ihnen vorgebrachten Ergänzungen, Gegenargumenten, Beispielen etc. ergeben. Daher sollten Sie möglichst vor Beginn der Niederschrift genau wissen, worauf Sie hinaus wollen, und sich nicht erst am Schluss überlegen, welchen eigenen Standpunkt Sie vertreten.

Lösungsvorschlag zu Teilaufgabe 2

Einleitung
Standpunkt des Autors als Prämisse der Argumentation

Schwanitz argumentiert in seinem Plädoyer für die Lektüre eines Romans als Grundstock für literarische Bildung von einem sehr **bildungsbürgerlichen Standpunkt** aus. Seine Argumentation wirkt auf den ersten Blick überzeugend, ist bei genauerer Betrachtung jedoch sehr **einseitig**. Es ist daher wichtig, seine Argumente hinsichtlich der Funktion von Literatur, der Einzigartigkeit des Romans und der Heranführung an Lektüreerfahrungen kritisch zu hinterfragen.

Texterörterung
1. Funktion von Literatur
1.1 Gesellschaftliche Bedeutung von Literatur
Argumentation des Autors (Textbezug)
Kritik an der Argumentation

Für Schwanitz hat Literatur offenbar die **Funktion**, **gemeinsamer Gesprächsstoff einer kulturellen Gemeinschaft** zu sein. Er stellt einleitend die These auf, dass Literatur „die komplexen Zusammenhänge zwischen sozialen Prozessen und Lebensläufen [...] zitierbar" (Z. 1 f.) mache, und nennt als Beispiele für „typische Schicksale" (Z. 3) etliche bekannte Hauptfiguren aus Werken der Weltliteratur. Er bezeichnet diese Figuren als einen „Freundeskreis, den alle Mitglieder einer Gesellschaft miteinander teilen" (Z. 8 f.). Diese Argumentation ist in zwei Punkten fragwürdig:

Entkräftung des Arguments durch Gegenargument

Zwar gehört es sicherlich zur literarischen Bildung, etwas mit den Namen „Faust", „Ödipus", „Robinson Crusoe", „Romeo und Julia" oder „Frankenstein" zu verbinden. Doch können deren Schicksale kaum als typisch aufgefasst werden, da sie doch **eher Grenzerfahrungen** menschlichen Erlebens darstellen.

Begründeter Zweifel an Überzeugungskraft des Arguments
Beispiel: eigene Lektürekenntnisse

Zudem ist der Vergleich dieser Figuren mit einem Freundeskreis aller Mitglieder einer Gesellschaft nicht überzeugend. Denn die **Annahme**, dass **alle diese Figuren kennen**, ist **utopisch**. Ich kenne die Geschichten von „Shylock" und „Anna Karenina" zum Beispiel nicht und fühle mich dennoch als vollwertiges Mitglied der Gesellschaft.

Kritik an Prämissen des Autors
Begründung aus eigener Erfahrung
Gegenbeispiele

Wenn Schwanitz weiter die Literaturkritik mit dem Klatsch über gemeinsame Bekannte vergleicht (vgl. Z. 9), geht er davon aus, dass die Urteile über die genannten Figuren alltäglicher Gesprächsstoff sind. Diese Prämisse geht an der Realität vorbei. **Gespräche über literarische Figuren** finden in meinem Alltag **nur im Deutschunterricht** statt. Alltäglicher Gesprächsstoff sind dagegen eher Filme, Fernsehserien oder Musikgruppen.

1.2 Psychologische Bedeutung von Literatur
Zustimmende Wiedergabe der Argumentation (Textbezug)
Beispiel: eigene Lektürekenntnisse

Eher **nachvollziehbar** erscheint dagegen Schwanitz' **These** von der **psychologischen Bedeutung von Literatur**. Es stimmt, dass man in Geschichten „‚Zeit' beobachten" (Z. 16) kann und psychologische Prozesse sichtbar gemacht werden. Zu Recht weist der Verfasser darauf hin, dass es Literatur ermöglicht, andere zu beobachten und damit „Distanz zu sich selbst" (Z. 25 f.) zu gewinnen. So hat beispielsweise die Schullektüre „Die Welle" von Morton Rhue meinen Blick für Gruppenprozesse, Anpassung und Ausgrenzung geschärft.

In diesem Sinne **trägt Literatur zur Persönlichkeitsbildung bei** und erweitert den eigenen Erfahrungshorizont. Dies gilt allerdings ebenso für Geschichten, die in Filmen dargestellt werden. Auch dort erlebt man die Welt aus anderer Sicht und identifiziert sich mit bzw. distanziert sich von den Protagonisten.

Eingrenzung der Geltung des Arguments

Große **Zweifel** habe ich **an der lebenspraktischen Bedeutung**, die Schwanitz in seinen Beispielen der Literatur zuschreibt. Für ihn scheint Literatur eine Art konkrete Lebenshilfe zu bieten. Die Gültigkeit dieses Arguments für die genannten Beispiele kann ich nicht prüfen, da ich alle drei genannten Werke nicht kenne, aber ich zweifle sehr, ob eine Frau, die ihren Vater ins Altersheim „gepackt" (Z. 26) hat, wie Schwanitz polemisch formuliert, ihr Verhalten durch die Theatervorstellung von „König Lear" kritisch hinterfragt. Meist sind gerade die in den großen Werken der Weltliteratur dargestellten **Schicksale so speziell**, dass eine **Übertragung auf die unmittelbare eigene Lebenswelt kaum gelingt**. Ein Drama wie „Antigone" bietet meiner Ansicht interessante Denkanstöße für das Thema „Anpassung und Widerstand", hat aber doch sehr starken Modell-Charakter. Die spezielle Situation der Antigone hat einen solch fremden kulturellen, religiösen und politischen Hintergrund, dass ich daraus nur schwer konkrete Verhaltensnormen für meinen Alltag ableiten kann. Dafür erscheinen mir zeitgenössische literarische Werke, wie z. B. Jugendbücher, die sich mit dem Thema Mobbing beschäftigen, geeigneter als Millers „Hexenjagd".

1.3 Lebenspraktische Bedeutung von Literatur

Begründeter Zweifel an These des Autors …

… mit Gegenargument

… unter Bezugnahme auf ein Lektürebeispiel aus der eigenen Leseerfahrung

Meiner Ansicht nach hat Literatur vor allem die **Funktion, eine Art Gegenwirklichkeit darzustellen**. Sie ermöglicht es mir, in andere Welten einzutauchen und Dinge zu „erleben", die anders sind als mein Alltag. Dieses **evasorische Lesen** erwähnt Schwanitz gar nicht – ebenso wie er auch die Rolle der Fantasie bei der Lektüre nicht anspricht. Ein weiterer Aspekt der Bildung durch Literatur, den Schwanitz unerwähnt lässt, ist der **Informationswert literarischer Werke**, die beispielsweise Kenntnisse über Lebensbedingungen anderer Kulturkreise oder Epochen ermöglichen.

Eigene Gedanken zur Funktion von Literatur (über den Text hinausgehend)

Während Schwanitz zugeben muss, dass heutzutage vor allem die Massenmedien, besonders Film und Fernsehen, „den Bedarf unserer Gesellschaft an Geschichten […] bedienen" (Z. 29), beansprucht er nur für den Roman die einzigartige Aufgabe, „die Innenansicht einer Figur" (Z. 31) zu zeigen.

2. Einzigartigkeit des Romans

These des Autors (Textbezug)

Es ist richtig, dass bestimmte literarische Mittel – wie der innere Monolog bzw. die erlebte Rede in einem Roman – es in besonderer Weise ermöglichen, sich mit der dargestellten Figur zu identifizieren. Der Roman macht etwas möglich, was es in keiner anderen literarischen Gattung gibt: „Die Welt aus der Perspektive eines anderen Menschen zu erleben und gleichzeitig dieses Erleben zu beobachten." (Z. 38 f.) Dagegen grenzt Schwanitz den **Film** mit dem Argu-

Zustimmende Wiedergabe eines Arguments

ment ab, dass man hier eine Figur immer nur von außen beobachten könne. Dem ist entgegenzusetzen, dass Filme durch **besondere filmische Mittel** wie Mimik, Musik, Montage und Kameraführung andere, aber ebenfalls wirkungsvolle Möglichkeiten haben, Identifikation zu erzeugen. Ich wage zu behaupten, dass mehr Menschen im Kino weinen oder von Angst erfüllt werden als bei der Lektüre eines Romans.

These des Autors: Abgrenzung zum Film
Gegenargument: Möglichkeiten des Films

Die **Beschränkung auf den Roman** als Voraussetzung für literarische Bildung ist in Schwanitz' Argumentation geradezu **widersprüchlich**, da mindestens die Hälfte der literarischen Figuren, die er eingangs nennt, aus Dramen stammen. Ebenso verwunderlich ist, dass er die Gattung Lyrik vollständig in seinen Ausführungen ausklammert. Gerade Gedichte zeigen aber doch sehr subjektive Innenansichten als Ausdruck verdichteter Welt- und Lebenserfahrung.

Kritik an Beschränkung auf den Roman

Im letzten Teil seiner Ausführungen befasst sich Schwanitz mit der Vermittlung von Literatur. Dabei stellt er die These auf, dass man Literaturlektüre nicht verordnen könne: „Man muss freiwillig lesen." (Z. 41) Wenn diese These zutreffend wäre, dürfte es keinen Literaturunterricht an Schulen geben. Dass gerade der **Deutschunterricht** neben dem elterlichen Vorbild eine entscheidende Rolle bei der **literarischen Sozialisation** spielt, ist jedoch in vielen Untersuchungen erwiesen worden. Von Freiwilligkeit kann dabei im Normalfall nicht die Rede sein. Ich habe jedoch im Deutschunterricht schon etliche Werke kennengelernt, die ich freiwillig nie gelesen hätte und die ich trotzdem sehr interessant fand. Dem Fach Deutsch kommt meiner Ansicht nach die Aufgabe zu, **Kinder und Jugendliche an Literatur heranzuführen**, sie bei der Lektüre bedeutender Werke wie „Der Tod in Venedig" oder „Faust" zu unterstützen und den Blick für literarische Besonderheiten zu öffnen. Die genannten Werke hätte ich ohne den dazugehörigen Unterricht nicht verstanden, vermutlich nicht einmal zu Ende gelesen. Ein **gewisses Maß an Zwang** scheint mir daher **erforderlich**, um den Zugang zu Literatur zu erleichtern.

3. Vermittlung von Literatur
These des Autors (Textbezug)
Gegenargument zur Aufgabe des Deutschunterrichts
Eigene Leseerfahrung
Schlussfolgerung

Allerdings ist es eher unwahrscheinlich, dass ein erster Zugang zur Literatur über große Romane gelingt, wovon Schwanitz offenbar überzeugt ist, wenn er als „Initiation" die Lektüre eines großen Romans anempfiehlt. Die meist komplexen großen Romane wie z. B. Thomas Manns „Buddenbrooks" erschweren eher den Zugang zur Literatur, da deren Lektüre zeitraubend ist und häufig einer erhöhten Konzentration bedarf. Die Lektüre eines großen Romans als Erstbegegnung mit Literatur wird daher mit größter Wahrscheinlichkeit eher einen abschreckenden Effekt haben. Die Lesesozialisationsforschung hat gezeigt, dass die **Auswahl altersgemäßer Lektüre** von erheblicher Bedeutung für die literarische Sozialisation

Infragestellung der Tauglichkeit eines großen Romans als geeigneter Zugang zur Literatur
Begründung

ist. Wenn man also einen noch so bedeutenden Roman zu früh liest, kann dies genau die gegenteilige Wirkung haben.

Eigene Stellungnahme

Meiner Ansicht nach ist Literatur ein wichtiger Bestandteil einer Kultur und die Kenntnis bekannter literarischer Werke gehört zweifelsohne zur Allgemeinbildung. Literatur ist außerdem ein sinnvoller, angenehmer Zeitvertreib und trägt zudem zur Persönlichkeitsbildung und zur Erweiterung des eigenen Horizontes bei. Es ist daher wichtig, Kinder und Jugendliche so früh wie möglich mit Literatur vertraut zu machen.

Einspruch gegen Schwanitz

Aber Schwanitz' Fazit, dass man mit der Lektüre eines großen Romans „die Grenze zwischen literarischer Bildung und Unbildung" (Z. 57 f.) überschreite, ist für mich nicht nachvollziehbar. Zum einen **definiert er nicht, was ein „großer" Roman ist**. Und zum anderen möchte ich **bestreiten, dass die Lektüre *eines* großen Romans**, wie Schwanitz sie vorschlägt, **ausreicht**, um an Literatur heranzuführen.

Eigene Leseerfahrung

Ob mir ein einziger Roman gefällt, ist zu sehr **vom Zufall** abhängig. Wenn ich beispielsweise nur den Roman „Der Untertan" von Heinrich Mann gelesen hätte, wäre ich zu dem Ergebnis gekommen, dass Romane mir nicht gefallen. Da ich aber in meinem Deutschunterricht ebenfalls Romane wie „Die Vermessung der Welt" von Daniel Kehlmann, „Das Parfum" von Patrick Süskind und „Homo faber" von Max Frisch gelesen habe, konnte ich mit Literatur auch positive Erfahrungen machen.

Schluss

Fazit

Um literarische Bildung zu erlangen, ist die Kenntnis zahlreicher literarischer Werke nötig, dazu ein breiteres Hintergrundwissen über Autoren, Epochen, Stilmittel u. Ä. Ganz sicher reicht aber die Lektüre eines einzigen Romans nicht aus, um literarische Bildung für sich beanspruchen zu können.

Checkliste zu Teilaufgabe 1

Aspekt	Ja	Teil-weise	Nein	Weiß nicht
AUFBAU				
Habe ich eine Einleitung formuliert, die alle wesentlichen Rahmeninformationen zum vorliegenden Sachtext enthält?	☐	☐	☐	☐
Ist mein Aufsatz klar strukturiert?	☐	☐	☐	☐
TEXTUNTERSUCHUNG				
Habe ich alle wesentlichen Aussagen des vorliegenden Sachtextes erfasst?	☐	☐	☐	☐
Habe ich die Argumentation strukturiert wiedergegeben und den Argumentationsgang erfasst?	☐	☐	☐	☐
Habe ich die Position des Autors und seine Forderungen klar herausgestellt?	☐	☐	☐	☐
Habe ich deutlich gemacht, wo es sich um Thesen, Argumente und Beispiele handelt?	☐	☐	☐	☐
Habe ich meine Befunde mit Textverweisen/-zitaten belegt?	☐	☐	☐	☐
SPRACHE UND STIL				
Habe ich abwechslungsreich und differenziert formuliert?	☐	☐	☐	☐
Habe ich sachlich, d. h. nicht umgangssprachlich oder übertreibend, formuliert?	☐	☐	☐	☐
Habe ich in meinen eigenen Worten formuliert?	☐	☐	☐	☐
Habe ich Fremdmeinungen als solche kenntlich gemacht – beispielsweise durch den Gebrauch des Konjunktivs bei der indirekten Rede?	☐	☐	☐	☐

Checkliste zu Teilaufgabe 2

Aspekt	Ja	Teil-weise	Nein	Weiß nicht
AUFBAU				
Habe ich eine aufgabenbezogene Einleitung formuliert?	☐	☐	☐	☐
Folgt mein Aufsatz einem in sich stimmigen Gesamtaufbau, in dem die Aspekte logisch angeordnet und miteinander verbunden sind?	☐	☐	☐	☐
Enthält mein Aufsatz einen Schluss, der einen abrundenden Bezug zum erörterten Thema aufweist (Fazit, Rückbezug zur Einleitung, Appell, Ausblick etc.)?	☐	☐	☐	☐
ERÖRTERUNG				
Beleuchtet mein Aufsatz das Thema und den vorliegenden Text von verschiedenen Seiten?	☐	☐	☐	☐
Habe ich mich in meinem Aufsatz differenziert mit dem vorliegenden Text auseinandergesetzt?	☐	☐	☐	☐
Ist meine Argumentation widerspruchsfrei?	☐	☐	☐	☐
Habe ich nicht einfach nur die Thesen/Argumente des Textes wiederholt, sondern eigene Gedanken entwickelt?	☐	☐	☐	☐
Habe ich meine Thesen mithilfe von stichhaltigen Argumenten schlüssig begründet, belegt und mit Beispielen untermauert?	☐	☐	☐	☐
Habe ich meine eigenen Leseerfahrungen herangezogen?	☐	☐	☐	☐
Habe ich Schlussfolgerungen gezogen?	☐	☐	☐	☐
Habe ich sachlich und objektiv argumentiert?	☐	☐	☐	☐
Habe ich meine eigene Position deutlich gemacht?	☐	☐	☐	☐
SPRACHE UND STIL				
Habe ich sachlich, objektiv und präzise formuliert?	☐	☐	☐	☐
Habe ich umgangssprachliche Wendungen, Füllwörter und Floskeln vermieden?	☐	☐	☐	☐
Habe ich zutreffende und präzise Fachbegriffe benutzt?	☐	☐	☐	☐
Habe ich Begriffe verwendet, die meine Gedanken und Argumente in Bezug zueinander setzen (z. B. geeignete Konjunktionen etc.)?	☐	☐	☐	☐
Habe ich Fremdmeinungen und -wertungen als solche kenntlich gemacht (z. B. durch indirekte Rede)?	☐	☐	☐	☐

Klausuren Deutsch
Übungsaufgabe 9 – Adressatenbezogenes Schreiben

Aufgaben Gewichtung

1. Analysieren Sie den Text von Matthias Wulff hinsichtlich seiner Argumentation. 60 %

2. Nehmen Sie in einem Leserbrief an die „Welt am Sonntag" zur Position von Matthias Wulff aus Ihrer Perspektive Stellung. Greifen Sie dabei auf Ihren eigenen Erfahrungshintergrund zurück. 40 %

Vorbemerkung:
Bei Klausuren des Aufgabentyps „Adressatenbezogenes Schreiben" ist nicht immer eine vorausgehende Sachtextanalyse gefordert. Falls Sie wenig Zeit haben, können Sie zu Übungszwecken auch nur Teilaufgabe 2 bearbeiten.

Matthias Wulff
Warum zu viel Goethe in der Schule schadet (2008)

Unsäglich sei die Schullektüre, hat diese Woche eine Repräsentantin des deutschen Buchhandels gesagt.[1] Und dann noch behauptet, auf Goethe könne man auch verzichten. Seitdem bekommt sie jede Menge Briefe, vor allem von erzürnten Germanisten. Hat sie trotzdem recht?

Nun denn, Goethe zu lesen ist ein Genuss. Aber nicht, weil er ein Klassiker ist, sondern weil die Genauigkeit und der Reichtum der Sprache bis heute überwältigen. Goethe und die anderen Helden des Literaturkanons in der Schule zu lesen ist eine Qual. Endlos lange ging es in meinem Unterricht um Dramen des Sturm und Drangs und der Romantik, bei denen stets im fünften Akt das unschuldige Mädchen ins Wasser ging oder auf andere unerfreuliche Weise verschied. Deutsch in der Oberstufe war ein einziges bürgerliches Trauerspiel.

Bei Goethe leidet man mehr

Schullektüre wird immer gehasst. Sie gilt per se als mühsam, riecht nach Arbeit und ist vergnügungsfrei. „Das habe ich in der Schule gelesen", ist ein Satz, der oft mit Verachtung und Grundgenervtheit in der Stimme ausgesprochen wird. Woran liegt das? Natürlich stößt für jeden aufrechten Teenager das von Erwachsenen vermittelte Wissen auf Ablehnung. Da hat es Goethe schwer, da hätten es aber auch Thomas Bernhard[2] und John Updike[3] schwer. Das Leid mit Goethe ist aber größer, weil ihn Lehrer vermitteln, die seit 25 Jahren den gleichen Stoff runterleiern. Schon allein das spricht für mehr zeitgenössische Literatur im Unterricht, hier sind Lehrer gezwungen, sich in eine neue Welt hineinzuarbeiten.

Die Vermittlung des Stoffes gleicht früher wie heute einer chinesischen Wasserfolter[4] (natürlich trifft das nicht für alle zu – nicht aufregen, verehrte Deutschlehrer): „Und dann lesen wir bis nächste Woche die Seiten 22 bis 34", heißt es am Ende der Unterrichtsstunde, als befinde man sich im Kreis von Legasthenikern.

Gequältes Verlieben

Dabei hoffen die Pädagogen offenbar auf eine Variante des Stockholm-Syndroms[5]: Je länger die Kinder mit Klassikern gequält werden, desto höher ist die Wahrscheinlichkeit, dass sie sich eines Tages in sie verlieben. Tatsächlich kann ein Überhang an Klassikern den Schülern die Lesefreude verderben. In der Literatur kann sich der Leser verlieren, die Geschichten verändern seine Welt und seine Sicht auf sie. Das gelingt nicht, wenn Lebenswelt und Sprache den Heranwachsenden fremd sind. Das ändert sich im Erwachsenenleben selten: Die Zahl derer, die abends die Gattin fragen: „Schatz, weißt du, wo ich die Oden Hölderlins hingelegt habe?", ist überschaubar.

Und manche Klassiker versteht man halt nicht als Heranwachsender. Sich durch das Nibelungenlied[6] und Walther von der Vogelweide[7] zu quälen ist so freudvoll wie Vokabeln lernen – mit dem Unterschied, dass Letzteres Bedingung für das Lernen einer Sprache, Ersteres totes Wissen ist.

Schule ist idealiter ein Ort, an dem jungen Menschen das Denken in Zusammenhängen beigebracht, Wissensdurst entfacht und – so viel Romantik muss sein – ein wenig zur Herzensbildung beigetragen wird. Schule sollte ausdrücklich nicht der Ort sein, an dem Wissen ohne Sinn und Verstand angehäuft wird. Sie ist nicht Trainingscamp für einen Abend mit Günther Jauch oder „Trivial Pursuit". Es ist unerheblich, ob Kinder Goethe, Schiller und Lessing gelesen haben oder nicht. Was zählt, ist, ob sie das Rüstzeug bekommen haben, sie für sich zu entdecken.

Quelle: www.welt.de/meinung/article1940968/Warum_zu_viel_Goethe_in_der_Schule_schadet.html

Anmerkungen:

1 Anlässlich des Welttages des Buches am 23. 4. 2008 beklagte die stellvertretende Vorsitzende des Verbands des deutschen Buchhandels Viola Traub in einem Interview mit der Deutschen Presseagentur (dpa) die Auswahl der Schullektüren. Zu diesen Äußerungen nimmt der Artikel von Matthias Wulff Stellung, der am 27. 4. 2008 in der „Welt am Sonntag" erschien.

2 *Thomas Bernhard:* österreichischer Schriftsteller (1931–1989), einer der bedeutendsten deutschsprachigen Autoren der zweiten Hälfte des 20. Jahrhunderts

3 *John Updike:* international erfolgreicher US-amerikanischer Schriftsteller (1932–2009)

4 Die *chinesische Wasserfolter* ist eine Foltermethode, bei der das Opfer gefesselt unter kaltem tropfendem Wasser ausharren muss, bis es seinen Widerstand aufgibt.

5 Als *Stockholm-Syndrom* bezeichnet man ein psychologisches Phänomen, bei dem ein Geiselopfer eine positive emotionale Beziehung zum Geiselnehmer entwickelt.

6 *Nibelungenlied:* bedeutendes mittelalterliches Heldenepos

7 *Walther von der Vogelweide:* berühmter mittelalterlicher Minnesänger (ca. 1170–1230)

Hinweise und Tipps zu Teilaufgabe 1

Mit dem übergeordneten Operator der ersten Teilaufgabe *Analysieren* wird von Ihnen erwartet, den Text zu erfassen, zu beschreiben und zu untersuchen. Da die Aufgabenstellung den Fokus auf die **Argumentation** des Autors lenkt, ist besonderes Augenmerk darauf zu legen, auf welche Weise er seine **Position begründet** – folgende Fragen können Ihnen beispielsweise weiterhelfen:

- Wie ist der Text aufgebaut?
- Greift der Autor auf allgemein anerkannte Meinungen, auf die eigene Erfahrung oder auf Meinungen von Autoritäten zurück?
- Führt der Autor Begründungen für seine Thesen an oder setzt er möglicherweise mehr auf die suggestive Wirkung von Formulierungen?
- Verwendet der Autor Beispiele, um seine Argumentation zu veranschaulichen?
- Wie sind die einzelnen Argumentationsschritte zu charakterisieren?

Bei einer Analyse sind die **zentralen strukturbildenden Merkmale** des Sachtextes zu erfassen. Dazu gehört auch die sprachlich-rhetorische Gestaltung, deren Funktion es für die Argumentation herauszuarbeiten gilt. In Wulffs Text finden sich beispielsweise einige Vergleiche, die ironisierende oder zuspitzende Funktion haben.

Lösungsvorschlag zu Teilaufgabe 1

Einleitung
mit Primärinformationen – Erscheinungsdaten, Thema und Anlass des Kommentars

Matthias Wulffs Kommentar „Warum zu viel Goethe in der Schule schadet" erschien am 27. 04. 2008 in der „Welt am Sonntag". Darin beschäftigt sich der Journalist mit der Lektüreauswahl im Deutschunterricht der Oberstufe und beklagt, dass diese Lektüre an der Lebenswirklichkeit der Schülerinnen und Schüler vorbeigehe. Anlass seiner Stellungnahme waren Äußerungen der stellvertretenden Vorsitzenden des Verbandes des deutschen Buchhandels Viola Traub. Sie hatte wenige Tage zuvor in einem Interview ebenfalls die Lektüregewohnheiten an den Schulen moniert und provokant behauptet, auf Goethe könne man auch verzichten.

Hauptteil
Aufbau des Kommentars

Der Artikel selbst ist in **vier Abschnitte** gegliedert. Im Vorspann (Z. 1–4) wird der Schreibanlass skizziert, anschließend trifft der Kommentator im Rückbezug auf eigene Leseerfahrungen eine erste Aussage (Z. 5–11). Dem schließt sich eine Darstellung des Umgangs mit Literatur in der Schule an (Z. 13–25). Im letzten Abschnitt (Z. 27–45) geht es dem Verfasser um die Wirkung der Schullektüren auf die jungen Menschen. In der wertenden Schlussfolgerung stimmt er – wie nun zu zeigen sein wird – der Sichtweise der Verbandsvorsitzenden ohne Einschränkung zu.

Ausgangspunkt: Der Titel des Kommentars

Schon der **Titel** des Kommentars „Warum zu viel Goethe in der Schule schadet" deutet die **Zustimmung des Verfassers zu der skizzierten Haltung** an. Der Verfasser fragt nicht etwa, ob tatsächlich von einem Schaden auszugehen ist, wenn der Klassiker in der Schule „zu viel“ gelesen wird, sondern kündigt vielmehr eine Begründung dieser These von Viola Traub an.

Sukzessive Analyse des Kommentars

Vorspann

Im **Vorspann** klärt Matthias Wulff knapp den Anlass für seinen Kommentar. Er benennt den Standpunkt der Verbandsfunktionärin, aber auch die Reaktion „von erzürnten Germanisten“ (Z. 3 f.). Wenn er anschließend fragt „Hat sie trotzdem recht?“ (Z. 4), dann markiert er im Vorhinein seine folgenden Äußerungen als eine Ergänzung, wenn nicht Verteidigung der Behauptung. Mit dieser **wertenden Leitfrage** macht er dem Leser klar, dass er sich der Meinung anschließt.

1. Abschnitt

Gleichwohl spielt der Verfasser zunächst mit der Erwartungshaltung des Lesers, scheint er doch mit der Behauptung, Goethe zu lesen sei „ein Genuss“ (Z. 5), einen **gegenläufigen Argumentationsgang** einschlagen zu wollen. Er begründet sie nicht mit dem Stellenwert des Autors als „Klassiker“ des Literaturkanons (Z. 5), sondern mit dessen Sprachmächtigkeit, die „bis heute überwältige[]“ (Z. 6). **Kontrastierend** stellt er dem „Genuss“ der **Privatlektüre** die quälende **Pflicht** in der Schule gegenüber, „Goethe und die anderen Helden des Literaturkanons in der Schule zu lesen“ (Z. 7 f.). Er greift hier auf seine eigenen Erfahrungen mit dem Lesen im Deutschunterricht zurück (vgl. Z. 8), um seine Behauptung zu untermauern. Dabei schildert er aber seine persönlichen Erfahrungen mit der Literatur des ausgehenden 18. und beginnenden 19. Jahrhunderts nicht genauer, sondern **trivialisiert** übertreibend die Literatur dieser Zeit. Er behauptet nämlich, die Dramen endeten stets damit, dass „im fünften Akt das unschuldige Mädchen ins Wasser ging oder auf andere unerfreuliche Weise verschied“ (Z. 9 f.). Es ist davon auszugehen, dass Matthias Wulff es besser weiß. Aber er **spitzt** damit seine Argumentation **zu** und **steigert** sie noch einmal, indem er den literaturwissenschaftlichen Fachbegriff ‚bürgerliches Trauerspiel‘ ironisierend auf den vermeintlichen Zustand des Deutschunterrichts überträgt: „Deutsch in der Oberstufe war ein einziges bürgerliches Trauerspiel.“ (Z. 10 f.)

Bestimmung des Argumentationshintergrunds: Rückgriff auf eigene Erfahrung

Kennzeichnung der rhetorischen Gestaltung: Trivialisierung durch Übertreibung und Zuspitzung

Einschätzung der rhetorischen Gestaltung: Ironie

2. Abschnitt

Dass es im Ton der Pauschalisierung weitergeht, signalisiert die **Zwischenüberschrift**, die den nächsten Abschnitt der Argumentation einleitet. Der Zwischenüberschrift folgt eine **These**, die als Erfahrungswert allgemeingültige Anerkennung zu finden hofft: „Schullektüre wird immer gehasst.“ (Z. 13) Gleichwohl versucht der Verfasser, dieses Phänomen, das er in wenigen Zeilen noch einmal genauer skizziert (vgl. Z. 13–15), zu erklären. Als **erstes Argument** nennt er die von jedem „aufrechten Teenager“ verspürte „Ablehnung“ des „von Erwachsenen vermittelte[n] Wissen[s]“ (Z. 16 f.) und damit einen Widerstand, den er grundsätzlich mit dem Abstand der Generationen erklärt und als „natürlich“ (Z. 16) bezeichnet.

Bestimmung argumentativer Elemente: These, …

… Argument 1 und …

Mit einem **zweiten Argument** will Wulff seine These unterstreichen: Er sieht die Ursache für den vermeintlichen Hass auf den Deutschunterricht darin, dass Literatur von Fachlehrern vermittelt werde, „die seit 25 Jahren den gleichen Stoff runterleiern“ (Z. 19). Damit greift Wulff unverhohlen die Lehrkräfte an den deutschen Schulen an und unterstellt ihnen implizit mangelndes Interesse an einem engagierten Literaturunterricht. Aus dem von ihm vermuteten Umstand **leitet** er die **Forderung** nach „mehr zeitgenössische[r] Literatur“ **ab**, da diese die Lehrer zwingen würde, „sich in eine neue Welt hineinzuarbeiten“ (Z. 21).

... Argument 2

Einordung der Ausführungen als Angriff und Unterstellung

Bestimmung des Argumentationsschritts: Ableiten einer Forderung

Wulff **bekräftigt** seine **Schuldzuweisung**, indem er den Deutschunterricht und „die Vermittlung des Stoffes“ übertreibend mit einer „chinesischen Wasserfolter“ vergleicht (Z. 22 f.) und gleichzeitig feststellt, dass es keine Entwicklung in der Unterrichtsgestaltung gebe. Er **räumt** zwar in einer in Klammern gesetzten, ironischen Nebenbemerkung (Z. 23: „natürlich trifft das nicht für alle zu – nicht aufregen, verehrte Deutschlehrer“) **ein**, dass diese Behauptung **zu pauschal** sei, behält aber die Generalaussage bei. Er versucht sie mit einem virtuellen Zitat zu **veranschaulichen**, welches das Dilemma des Umgangs mit Literatur deutlich machen soll: „‚Und dann lesen wir bis nächste Woche die Seiten 22 bis 34‘, heißt es am Ende der Unterrichtsstunde, als befinde man sich im Kreis von Legasthenikern.“ (Z. 24)

Bestimmung des argumentativen Schritts: Bekräftigung

Kennzeichnung der Funktion eines Zitats: Veranschaulichung

Im letzten Abschnitt, der durch das Leseanreiz schaffende Oxymoron der **Zwischenüberschrift** „Gequältes Verlieben“ (Z. 26) eingeleitet wird, behält Wulff die Argumentationsstrategie der massiven **Übertreibung** bei. Er vermutet **ironisierend**, die Lehrer hofften auf eine „Variante des Stockholm-Syndroms“ (Z. 27), und konkretisiert seine vermeintliche Beobachtung insofern, als er behauptet, Pädagogen operierten mit der Erwartung, dass man zu lieben beginne, was einen quäle. Einer solchen Erwartung **widerspricht** er aber und **konstatiert** im Gegenteil, dass „ein Überhang an Klassikern den Schülern die Lesefreude verderben“ (Z. 29 f.) könne. Den Klassikern **stellt** er eine Literatur **gegenüber**, die die „Lebenswelt und Sprache“ (Z. 32) der jungen Menschen treffe. Einer solchen Literatur spricht er lebensverändernde Macht zu: „[D]ie Geschichten verändern seine Welt und seine Sicht auf sie.“ (Z. 31)

3. Abschnitt

Berücksichtigung der rhetorischen Gestaltung: Oxymoron und Ironisierung

Kennzeichnung des Sprechakts: Widerspruch

Er **bekräftigt** schließlich noch einmal, dass man „manche Klassiker“ „halt nicht als Heranwachsender“ verstehe, und bezeichnet am Beispiel des Nibelungenliedes und Walthers von der Vogelweide diese Klassiker als „totes Wissen“ (Z. 35–38).

Bestimmung des argumentativen Schritts: Bekräftigung

Auf dieser Argumentationsgrundlage hebt Wulff nun zur **Klärung seines Standpunkts** an. Er stellt heraus, dass Schule der Ort sei, an dem den Jugendlichen „Denken in Zusammenhängen“ beigebracht, „Wissensdurst entfacht und – so viel Romantik muss ein – ein

Erfassen des argumentativen Schritts: Klärung des Standpunkts

wenig zur Herzensbildung beigetragen wird" (Z. 39–41). Für die von ihm veranschlagte „Herzensbildung" ist aus seiner Sicht offenbar – auch wenn Wulff es nicht ausdrücklich sagt – Literatur zuständig. Er **resümiert** mit ironischem Verweis auf populäre Quizshows und Gesellschaftsspiele (vgl. Z. 42 f.), dass es nicht allein um die Aneignung von Wissen gehe. Daraus zieht er die Schlussfolgerung, es sei „unerheblich", „ob Kinder Goethe, Schiller und Lessing gelesen haben oder nicht" (Z. 43 f.). Damit stellt er sich endgültig und unmissverständlich an die Seite der Verbandsvorsitzenden Viola Traub und verbindet am Ende mit seiner Position eine Art **pädagogischen Appell**, indem er behauptet: „Was zählt, ist, ob sie [die Schülerinnen und Schüler] das Rüstzeug bekommen haben, sie für sich zu entdecken." (Z. 44 f.)

Bestimmung des Sprechakts: Resümee und Schlussfolgerung

Wulffs mit vielen übertreibenden Vergleichen und polemischen Metaphern operierender Kommentar bezieht deutlich Stellung – und zwar für eine Lektüreauswahl an deutschen Schulen, die sich an den Interessen und der Lebenswelt der Schülerinnen und Schüler orientiert, und gegen einen Deutschunterricht, der sich allein auf die sture Vermittlung von (literaturhistorischem) Wissen konzentriert.

Schlussteil

Zusammenfassendes Fazit zu Wulffs Artikel (zu seiner rhetorischen Gestaltung und zu seiner Position)

Hinweise und Tipps zu Teilaufgabe 2

Die zweite Teilaufgabe verlangt von Ihnen, dass Sie einen **Leserbrief** verfassen. Aufgrund der Aufgabenstellung ergeben sich **zwei Bezugspunkte** Ihres Leserbriefs: der **Kommentar von Matthias Wulff** und Ihre **eigenen Erfahrungen**.

In der Gestaltung haben Sie einen gewissen Spielraum. Um zu signalisieren, dass Sie um den bei einer Aufgabe diesen Typs erforderlichen Adressatenbezug wissen, können Sie der eigentlichen Stellungnahme mit den brieftypischen Elementen „Anrede und Datum" sowie „Abschiedsformel" einen Rahmen geben. Dies genügt allerdings nicht, um die Anforderungen des adressatenbezogenen Schreibens zu erfüllen. Sie sollten darüber hinaus darauf achten, dass Ihr **Adressat** zunächst eine Redaktion – hier die der „Welt am Sonntag" – ist, dass ein Leserbrief aber auch darauf abzielt, veröffentlicht zu werden. Insofern sollten Sie sich dem **Sprachniveau** des Publikationsforums weitgehend anpassen, ohne dabei jedoch Ihren eigenen Stil künstlich zu verändern.

Im Unterschied beispielsweise zur eher sachlich-objektiven Textform der Erörterung ist es bei einem Leserbrief durchaus üblich und erwünscht, dass Sie aus der eigenen, ganz **subjektiven Erfahrung** schöpfen – zumal dies in der Aufgabenstellung gefordert wird. Außerdem sind Sie hinsichtlich der **stilistischen Gestaltung** freier: Sie dürfen durchaus provokant und ironisch sein, gewitzte Formulierungen verwenden und den Brief rhetorisch stärker ausgestalten.
Darunter sollte aber nicht die **Schlüssigkeit Ihrer Argumentation** leiden.

Lösungsvorschlag zu Teilaufgabe 2

Sehr geehrte Damen und Herren, 30. April 2008

Matthias Wulff hat in seinem Kommentar „Warum zu viel Goethe in der Schule schadet", der am 27. 4. 2008 in der „Welt am Sonntag" erschien, ein zentrales Problem des Deutschunterrichts angesprochen. Aber um es vorweg zu sagen: Er hat es zugleich wieder zugekleistert. Der eine oder andere – dazu zählt sich offensichtlich auch der Verfasser des Kommentars – mag schlechte Erfahrungen mit seinen Deutschlehrern gehabt haben. Das aber ist nicht das eigentliche Problem! Es liegt vielmehr darin, dass wir uns als Schüler mit literarischen Werken auseinandersetzen müssen, deren Bedeutung für uns nur schwer nachzuvollziehen ist. Was mir die Liebe eines Prinzen zu seiner Stiefmutter, der daraus resultierende Konflikt mit dem Vater und ein damit verbundenes politisches Intrigenspiel auf höchster Staatsebene, das am Ende des 16. Jahrhunderts angesiedelt wird, heute noch sagen soll, habe ich bei der Schullektüre von Schillers „Don Karlos" nicht erkennen können. Die politische Forderung, die in Marquis Posas Appell „Geben Sie Gedankenfreiheit, Sire!" liegt und am Ende des 18. Jahrhunderts durchaus eine Provokation darstellte, hat heute glücklicherweise – zumindest bei uns – an Sprengkraft verloren. Wenn Wulff von „totem Wissen" spricht, so ist mir das in Hinblick auf Schillers Drama durchaus aus eigener Erfahrung nachvollziehbar.

Aber Wulff irrt in zweifacher Hinsicht. Seine Gegenüberstellung von Klassikern, die uns als Schülern nichts sagen würden, und einer Gegenwartsliteratur, die genau das leiste, stimmt so nicht. Meine Mitschüler im Leistungskurs beklagen durch die Bank, wie fremd ihnen Christa Wolfs „Kassandra" sei, und zwar nicht nur in der Art und Weise, wie die Geschichte erzählt wird, sondern auch in der Thematik. Aus Neugier habe ich das Buch selbst begonnen zu lesen, habe aber das Privileg des Grundkurs-Schülers genutzt und es schnell beiseitegelegt. Einhellig waren wir der Meinung, dass zum Beispiel Fontanes „Effi Briest" viel deutlicher zeigt, wie ein Mensch durch gesellschaftliche Einflüsse kaputt gemacht werden kann, und das in einer Weise, die bei aller Distanz zur Gesellschaft im Deutschen Reich vor 120 Jahren erkennen lässt, dass diese Problematik auch heute noch keineswegs zu den Akten gelegt ist. Meine Erfahrung sagt mir jedenfalls, dass Wulffs Denken in Extremen und sein unkritisches Plädoyer für die Gegenwartsliteratur hier nicht greifen.

Zudem entfaltet Wulff das Bild von einem Deutschunterricht, der gegen jedwede Weiterentwicklung immun ist. Seine Vergleiche und Zuspitzungen, welche die Deutschlehrer als ewig langweilige Wissensvermittler diskreditieren, die die Bedürfnisse von jugendlichen Lesern ignorieren, lesen sich zwar amüsant. Doch verdeckt er mit

Anrede, Datum

Bezug und vorwegnehmendes Urteil zum Ausgangstext

Provokanter Stil („zugekleistert")

Differenzierte Betrachtung: Benennen des eigentlichen Problems

Ausführliches Beispiel aus dem eigenen Erfahrungsschatz

Bestätigung einer Teilthese von Wulff

Pointierter Einspruch gegen Wulff

Entwicklung der Gegenposition unter Rückgriff auf die eigene Erfahrung

Kritik an Wulff auf der Basis eigener Erfahrung

Rhetorisches Mittel (Metapher: „immun")

Unterhaltsamer und zugleich gehobener Stil

seiner Polemik mehr ein ernsthaftes Anliegen, statt es zu erhellen: nämlich die Frage, welche Literatur – unabhängig von ihrer Entstehungszeit und ihrem geschichtlichen Kontext – in der Lage ist, junge Leser auch heute anzusprechen.

Verwendung wertender Begriffe („amüsant", „Polemik")

Auch sollte Wulff nicht vergessen, dass in vielen Bundesländern nicht mehr die Lehrer für die Auswahl der Lektüre in der Oberstufe verantwortlich sind, sondern die Kultusministerien. Und da scheint es, wenn ich auf die Auswahl der vorgeschriebenen Werke blicke, doch so zu sein, dass die Verantwortlichen bei den Vorgaben wenig darüber nachdenken, welche literarischen Werke für uns als Schüler über die Bedeutung für die Literaturgeschichte hinaus von Belang sein könnten. Die vorgelegte Auswahl ist weder geeignet, mich für moderne Gegenwartsliteratur zu begeistern, noch für Klassiker. Mein Leseverhalten wird durch solche Vorgaben eher negativ beeinflusst. Warum sollte ich jetzt und später Literatur lesen, von der ich annehmen muss, dass sie mir nichts sagt?

Stützung der eigenen Meinung durch Verweis auf vorgegebene Schullektüren

Rhetorische Frage

Da lese ich doch lieber, was mir die Grabbeltische bieten oder die Spiegel-Bestseller-Liste vorschlägt – oder ich lasse es ganz bleiben und wende mich anderen Medien zu.

Persönliche Schlussfolgerung aus der Argumentation

Mit freundlichen Grüßen,
Johannes Ethoge

Abschließende Grußformel

Checkliste zu Teilaufgabe 1

Aspekt	Ja	Teil-weise	Nein	Weiß nicht
Aufbau				
Habe ich eine Einleitung formuliert, die alle wesentlichen Rahmeninformationen zum vorliegenden Zeitungskommentar enthält?	☐	☐	☐	☐
Habe ich einen Schlussteil verfasst, in dem ich zum Beispiel die zentralen Analyseergebnisse aus dem Hauptteil noch einmal zusammengefasst habe?	☐	☐	☐	☐
Ist mein Aufsatz klar strukturiert?	☐	☐	☐	☐
Analyse				
Folgt meine Untersuchung des Kommentars einem konsequenten und nachvollziehbaren Aufbau?	☐	☐	☐	☐
Habe ich die Argumentation des Verfassers klar herausgearbeitet und die argumentativen Schritte präzise gekennzeichnet?	☐	☐	☐	☐
Habe ich die rhetorische Gestaltung berücksichtigt?	☐	☐	☐	☐
Habe ich die inhaltlichen und rhetorischen Befunde sinnvoll miteinander verknüpft?	☐	☐	☐	☐
Habe ich meine Behauptungen am Text belegt?	☐	☐	☐	☐
Habe ich meine Befunde mit Textverweisen/-zitaten belegt?	☐	☐	☐	☐
Sprache und Stil				
Habe ich abwechslungsreich und differenziert formuliert?	☐	☐	☐	☐
Habe ich sachlich, d. h. nicht umgangssprachlich oder übertreibend, formuliert?	☐	☐	☐	☐
Habe ich zutreffende und präzise Fachbegriffe verwendet?	☐	☐	☐	☐
Habe ich Fremdmeinungen als solche kenntlich gemacht – beispielsweise durch den Gebrauch des Konjunktivs bei der indirekten Rede?	☐	☐	☐	☐

Checkliste zu Teilaufgabe 2

Aspekt	Ja	Teil-weise	Nein	Weiß nicht
Merkmale des Adressatenbezugs				
Habe ich formale Aspekte des Leserbriefs berücksichtigt (z. B. Anrede, Grußformel, direkter Bezug zum Artikel)?	☐	☐	☐	☐
Habe ich den Artikel, auf den sich der Leserbrief bezieht, präzise benannt (Titel, Autor, Veröffentlichungsdatum)?	☐	☐	☐	☐
Habe ich die geforderte Perspektive berücksichtigt (hier: eigene Perspektive; beim adressatenbezogenen Schreiben muss man sich auch häufig in eine Rolle begeben)?	☐	☐	☐	☐
Wird in meinem Leserbrief deutlich, dass der Artikel der Schreibanlass ist?	☐	☐	☐	☐
Stellungnahme				
Ist meine Stellungnahme schlüssig?	☐	☐	☐	☐
Wird meine Position zum Artikel, auf den sich der Leserbrief bezieht, und zur darin angesprochenen Thematik deutlich?	☐	☐	☐	☐
Habe ich meine Position ausreichend begründet?	☐	☐	☐	☐
Habe ich auf meine eigene Erfahrung zurückgegriffen?	☐	☐	☐	☐
Sprache und Stil				
Habe ich abwechslungsreich und differenziert formuliert?	☐	☐	☐	☐
Habe ich einen dem Publikationsorgan angemessenen Schreibstil gewählt?	☐	☐	☐	☐
Habe ich berücksichtigt, dass ein Leserbrief rhetorisch und stilistisch stark ausgestaltet sein darf (z. B. durch subjektive, provokante oder auch ironische Elemente)?	☐	☐	☐	☐
Habe ich pointiert formuliert, wie es der Textsorte des Leserbriefs angemessen ist?	☐	☐	☐	☐

Klausuren Deutsch
Übungsaufgabe 10 – Materialgestützter Essay

Aufgaben Gewichtung

Bearbeiten Sie die folgenden Aufgaben auf der Grundlage des vorgelegten Dossiers:

1. Verfassen Sie Abstracts zu den vorgelegten Materialien 1 bis 4. 30 %
2. Schreiben Sie einen Essay mit dem Titel „Total mobil – auf dem Weg in eine bewegte Zukunft". 70 %

Vorbemerkung:
Bei Klausuren des Aufgabentyps „Materialgestützter Essay" ist nicht immer das Verfassen von Abstracts gefordert. Falls Sie wenig Zeit haben, können Sie zu Übungszwecken auch nur Teilaufgabe 2 bearbeiten.

Material 1 – Norbert F. Schneider: Einführung: Mobilität und Familie – Wie Globalisierung die Menschen bewegt

Die zunehmende wirtschaftliche und politische Verflechtung von Staaten, Regionen und Kontinenten, das was heute gemeinhin unter dem Etikett Globalisierung zusammengefasst wird, führt zur Mobilisierung einer größer werdenden Zahl von Menschen. Mit dem Begriff *Mobilisierung* sind vier verwandte, dennoch sehr verschiedenartige Prozesse angesprochen:

- Mobilisierung meint zunächst die steigende *räumliche* Mobilität von Menschen. Räumliche Mobilität kann als residenzielle Mobilität[1] punktuell in Form von Umzug oder Migration erfolgen oder als zirkuläre Mobilität regelmäßig wiederkehrend, z. B. als tägliches oder wöchentliches Pendeln zwischen Wohn- und Arbeitsort.
- Eine Mobilisierung der Menschen ist daneben auch im Sinne einer wachsenden *sozialen* Mobilität zu beobachten, also Auf- und Abstiege im sozialen Positionsgefüge einer Gesellschaft, wobei beruflich veranlasste räumliche Mobilität ein wichtiges Vehikel[2] für sozialen Aufstieg sein kann.
- Menschen werden mobilisiert, indem sie durch die neuen technischen Kommunikationsmöglichkeiten ohne räumliche Mobilität in die Lage versetzt werden, fast jederzeit und überall Kontakt zu haben, Informationen zu erhalten oder zu verbreiten und auf diese Weise sich virtuell im Raum zu bewegen.
- Eine Mobilisierung der Menschen kann schließlich auch im Hinblick auf ihre *persönlichen* Eigenschaften, Dispositionen[3] und Fähigkeiten stattfinden. Viele Menschen werden damit konfrontiert, mobiler im Sinne einer wachsenden *geistigen* Beweglichkeit und steigenden Anpassungsfähigkeit zu werden, indem sie auf die erhöhte Nachfrage nach diesen Eigenschaften reagieren.

Beschleunigt durch technologischen Fortschritt, insbesondere in der Verkehrs- und in der Informationstechnologie, hat die Globalisierung zu einem tief greifenden sozialen Wandel geführt, zu dessen markanten Merkmalen Dynamik, Tempo, Bewegung und „Enträumlichung“ von Menschen und ihrer sozialen Beziehungen gehören. Im Gefolge der Globalisierung kommt es zu einer „Verflüssigung“ sozialer Strukturen. An die Stelle stabiler Gebilde treten fluide[4] Formen von Organisation und Integration, von Zugehörigkeit und Identität. Der Wechsel wird Programm. Die Zukunftsunsicherheit gerinnt zur Normalität. Getragen und getrieben werden diese Prozesse von „mobilen Persönlichkeiten“, global tätigen Menschen, die überall zu Hause sind – und nirgends. [...]

Aus: Norbert F. Schneider: Einführung: Mobilität und Familie. In: Zeitschrift für Familienforschung, *17. Jahrgang, Heft 2/2005, S. 90–95, Text gekürzt.*

Anmerkungen:
1 dauerhafte Verlagerung des Wohnsitzes
2 *hier:* Mittel, Möglichkeit
3 *hier in etwa im Sinne von:* Einstellungen
4 *hier in etwa im Sinne von:* flexibel

Material 2 – Der Weg zur Arbeit (05.02.2010)

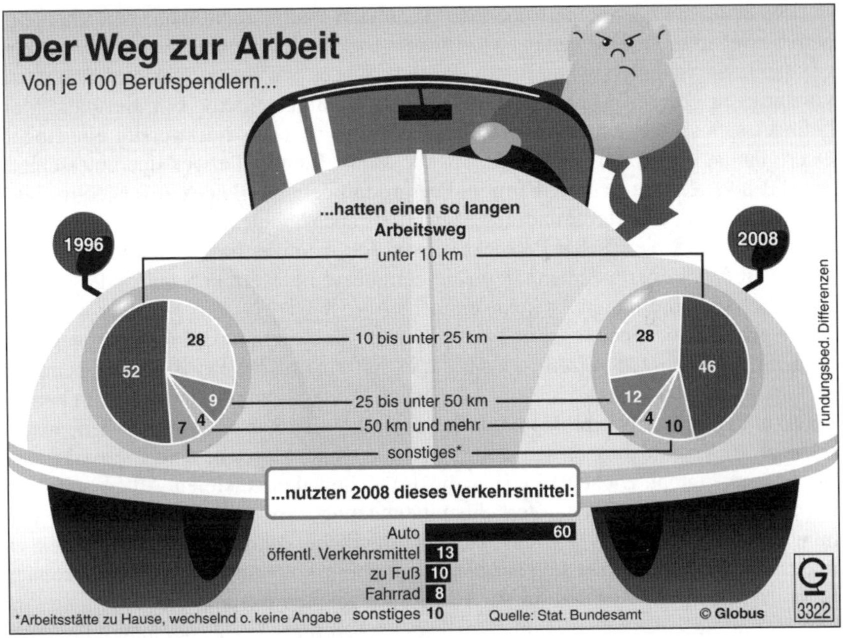

picture-alliance/dpa-infografik; Urheber: dpa-infografik, Bildnummer:17318623, Aufnahme: 20100205

Material 3 – Claus Tully: Alles in Bewegung

Die Lebensstile der Deutschen ändern sich von Grund auf. Mobilität muss heutzutage sozial, zukunftsfähig, ökologisch und ökonomisch sein. Mehr noch, sie muss komplett neu erfunden werden. […]

Verkehr handelt von Straßen und Fahrzeugen, Mobilität schließt zusätzlich Lebensstile, Verhaltensweisen und Gewohnheiten ein. Bis in die 70er-Jahre wurden verkehrstechnische Systeme geplant, indem Fahrzeuge und Fahrwege aufeinander abgestimmt wurden. Auf steigende Verkehrsbelastung, da immer mehr Autos über die Straßen rollten, wurde mit dem Ausbau von Straßen geantwortet. Und in der Tat wuchs der Fahrzeugbesitz zügig. Der Zuwachs im Bereich der Autonutzung stand für gesellschaftlichen Fortschritt, und für junge Menschen war es normal, mit 18 Jahren den Pkw-Führerschein zu machen, um anschließend ein eigenes Auto zu besitzen.

Trotz des Angebots, den Führerschein schon mit 17 zu erwerben, verzichtet in den Städten heute eine wachsende Zahl junger Erwachsener auf ein eigenes Auto. Zwei Drittel der jungen Menschen lebt in der Stadt und organisiert fortschreitend die eigene Mobilität multimodal, das heißt, dass wegeabhängig verschiedene Fahrzeuge genutzt werden. Jugendliche in Großbritannien, Japan, Spanien und in den USA machen das ebenso. Dass Mobilitätsangebote kombiniert werden, zeigt ein verändertes Verkehrsverhalten an. […]

Die heute aufwachsende Generation kann sich Räume nicht mehr einfach aneignen. Sie leben in Parallelwelten, wozu sie ein eigenes Raummanagement entwickeln, um den konkreten physischen Raum und die „Spaces" zu einem „gelebten Raum" zu kombinieren. Dieses Muster scheint sich zu verallgemeinern. Ein Beispiel: Man befindet sich in der Arbeit und ist gleichzeitig in sozialen Netzwerken eingeloggt. Oder man ist im Urlaub und checkt dort die Mails. Immer häufiger sind unterschiedliche Teilwelten wie Schule, Familie, Peergroup oder Job gleichzeitig wichtig. Statt „entweder oder" gilt der Grundsatz „sowohl als auch". Gelebt wird das Nebeneinander von Bildung, beruflicher Perspektive, von Job, Familie, Freunden und Liebe, fingierten und präferierten Identitäten (die zumindest im Netz nebeneinander existieren). Dies zu koordinieren, ist keine einfache Aufgabe. […]

Heute geht Arbeit unterwegs, und das gilt auch für Kommunikation. Unterwegssein ist nicht mehr einfach verlorene Zeit, die es mit einem schönen Auto angenehm zu gestalten gilt, sondern es ist Zeit, die genutzt werden kann – für Kommunikation, Spiel und Arbeit. Moderne Kommunikationstechnik entkoppelt, flexibilisiert, macht ortsunabhängig und ordnet den Alltag und das Unterwegssein neu. Sie wirkt aber weiter und gibt nützliche Hilfen an die Hand, um den flexiblen Alltag selbst zu bewältigen. Individualisierte Verkehrsmittelnutzung wird erleichtert, Mobilitätsplanung wird transparenter. Wo das nächste öffentliche Fahrrad oder ein auf Zeit zu mietendes Auto steht, lässt sich auf dem Smartphone ablesen. Auf das Handy können Fahrpläne noch vor Ankunft an der Haltestelle geladen werden, die faktischen Ankunfts- und Abfahrtszeiten geprüft, es können Fahrpreisvergleiche angestellt, Fahrrouten ermittelt und Tickets gekauft werden. […]

Aus: Claus Tully: Alles in Bewegung. In: Süddeutsche Zeitung, 24. 4. 2012, Text gekürzt.

Material 4 – Jörg Häntzschel: Als die Städte fühlen lernten

Im Senseable City Lab denken Forscher über eine urbane Zukunft nach, in der es für neue Großprojekte keinen Platz mehr gibt […]

Das neue Stadtverständnis hat damit einiges zu tun. Nur ist das nicht den Architekturutopien geschuldet, sondern der Kommunikationstechnologie. Mit der Erfindung des iPhone wurden die Instrumente, mit denen wir die Stadt seit jeher navigieren – Instinkt, Wissen, Stadtplan –, um Ortungssysteme ergänzt, die vor fünf Jahren noch Science Fiction waren. […] Weniger bewusst ist uns bisher, welche Möglichkeiten die Smartphone-Daten Stadtplanern und Soziologen offenbaren: Der alte Stadtplan kannte nur Häuser, Straßen und Parks. Nun lassen sich auch die Menschenströme kartographieren, und zwar in Echtzeit. „Unsere Städte beginnen zu sprechen, sie antworten uns“, sagt Carlo Ratti, der aus Mailand stammende Direktor des Senseable City Lab am Massachusetts Institute of Technology (MIT) […].

Die Smartphones brachten den entscheidenden Durchbruch nicht nur, weil der Massenmarkt technische Entwicklungen möglich machte, die sonst undenkbar gewesen wären, sondern vor allem, weil fast jeder sie mittlerweile bei sich trägt. „Um Mobilität in der Stadt zu erforschen, musste man noch früher Umfragen durchführen oder Leute mit Zählern an Kreuzungen postieren. Seit dem iPhone ist das alles nicht mehr nötig.“, meint Dietmar Offenhuber, Doktorand am Senseable City Lab.

Es geht dabei um mehr, als nur Massen in Bewegung. Wenn etwa aus einer bestimmten Ecke von Brooklyn besonders viele Anrufe in die Dominikanische Republik gehen, erlaubt das Rückschlüsse auf die Demografie des Viertels. „Das Telefon ist mit allen persönlichen Aktivitäten verbunden. Es ist Teil von fast allem, was wir tun“, so Offenhuber, und lässt sich messen und kartographieren. Klickt man auf der interaktiven Karte „The Connected States of America“, einem weiteren Lab-Projekt, einen beliebigen Ort an, wird die Häufigkeit von Telefonverbindungen zu anderen Orten in den USA dargestellt. Zum ersten Mal wird sichtbar, wie die Beziehungen zwischen den Amerikanern regional verteilt sind. […]

Ratti preist die Sensoren und Prozessoren der „fühlenden Stadt“ als Instrumente kollektiver Selbstorganisation. „Niemand zwingt uns, die Route zu fahren, die das System als optimal empfiehlt, aber immerhin wissen wir, welche es ist.“ Allerdings eignen sie sich auch hervorragend zu Manipulation und Kontrolle. Zumal es mit der Anonymität der Daten, die Ratti natürlich voraussetzt, wohl nicht viel weiter her sein wird als zur Zeit im Internet. […] Ratti beschreibt die fortlaufende Datenerhebung als „bottom-up“-Prozess, als eine Art kontinuierliches Abstimmen mit den Füßen. Doch prozessiert und genützt werden die Daten im Zweifel von staatlicher Stelle – mit Folgen, die nicht immer im Sinne derer sind, die sie nichtsahnend geliefert haben. […]

Ratti, Offenhuber und ihre Kollegen plädieren für Zurückhaltung und Vorsicht: „Man kann den Leuten nicht immer das logischste Verhalten vorschreiben. Es gibt keinen Grund, das Leben zu regulieren.“ Selbst in einem perfekten System hat die Unvorhersehbarkeit menschlichen Verhaltens ihren Platz. „Wenn es zu viele ‚smarte‘ Stromzähler gäbe“, so Offenhuber, „die die Spülmaschinen nachts genau dann starten, wenn der Verbrauch am niedrigsten ist, würden die Stromnetze zusammenbrechen.“

Aus: J. Häntzschel: Als die Städte fühlen lernten. In: Süddeutsche Zeitung, 21. 6. 2012, Text gekürzt.

Material 5 – Karikatur: „Great Cities of the World“

© Andy Singer; www.andysinger.com

Hinweise und Tipps zu Teilaufgabe 1

Die Klausuraufgabe „**Essay auf der Grundlage eines Dossiers**" trägt einem Ziel des Deutschunterrichts Rechnung: So sollen Sie über die analytische Auseinandersetzung mit fiktionalen sowie nichtfiktionalen Texten hinaus zu kreativ-gestalterischer Textproduktion befähigt werden. Die **erste Teilaufgabe** knüpft aber zunächst an die Kompetenz an, sich Themen auf der Grundlage verschiedener Texte (z. B. journalistische Texte, literarische Texte, Karikaturen und Schaubilder) selbstständig zu erschließen: Sie bezieht sich auf das vorliegende **Dossier** (Materialsammlung), das in der vorliegenden Aufgabe fünf Materialien (drei Texte, ein Schaubild und eine Karikatur) beinhaltet. Diese vermitteln Ihnen eine Wissensgrundlage für den Essay. Ihre Aufgabe besteht zunächst darin, die **ersten vier Materialien** in **Abstracts** zusammenzufassen. Unter einem Abstract versteht man eine **Kurzzusammenfassung** einer wissenschaftlichen Arbeit oder eines Artikels, die Antworten auf folgende Fragen gibt:

- Was ist der Gegenstand bzw. das Thema des Textes?
- Unter welcher Fragestellung wird der Gegenstand/das Thema untersucht?
- Welche Absicht verfolgt der Autor/die Autorin?
- Was sind die im Text wesentlichen beschriebenen Sachverhalte und Ergebnisse?

Der **Sinn und Zweck eines Abstracts** besteht darin, dem Leser einen schnellen Überblick über Thema und Aussage einer Veröffentlichung zu geben. Er enthält darüber hinaus erste wichtige Informationen zu einem bestimmten Themengebiet.
Beim Schreiben sollten Sie die **sprachlichen Kriterien** berücksichtigen, die auch für eine **Inhaltsangabe** gelten: Der Text sollte sachlich, objektiv und im Präsens verfasst sein; Meinungen und Wertungen des Autors/der Autorin sind durch indirekte Rede zu kennzeichnen (Konjunktiv, andere Formen der Wiedergabe von Äußerungen). Inhaltlich unterscheidet sich ein Abstract von einer herkömmlichen Inhaltsangabe insofern, als **Titel, Erscheinungsjahr und Quelle nicht angegeben** werden müssen. Zudem ist ein Abstract meist noch prägnanter und kürzer als eine Inhaltsangabe.

Lösungsvorschlag zu Teilaufgabe 1

Material 1 (Norbert F. Schneider: *Einführung: Mobilität und Familie*)
In dem vorliegenden Zeitschriftenauszug weist Norbert F. Schneider darauf hin, dass Mobilität eine Folge der Globalisierung sei. Er unterscheidet vier Aspekte: steigende räumliche (residenzielle bzw. zirkuläre), soziale, virtuelle und geistige Mobilität. Schneider merkt an, dass die Globalisierung – bedingt durch den Fortschritt auf dem Gebiet der Verkehrs- und Informationstechnologie – zu einem Aufweichen stabiler sozialer Strukturen führe und dass an deren Stelle ständige Veränderung und Flexibilität getreten seien.

Material 2 (Grafik: *Der Weg zur Arbeit*)
Das Thema des Schaubilds ist zum einen die Länge der Arbeitswege und zum anderen die Nutzung unterschiedlicher Verkehrsmittel für diese Strecken. Es zeigt sich,

dass der Weg zur Arbeit länger wird: Von 1996 bis 2008 ist der Anteil der Berufspendler, die mehr als 25 Kilometer zum Arbeitsplatz zurückgelegt haben, von 13 auf 16 % angestiegen. Einen kürzeren Weg als 10 Kilometer hatten 2008 nur 46 %, 1996 waren es noch 52 %. Bei der Wahl der Verkehrsmittel im Jahr 2008 sticht ins Auge, dass das Auto mit 60 % an der Spitze liegt. Abgeschlagen sind die öffentlichen Verkehrsmittel mit 13 %, dicht gefolgt vom Fahrrad und von Fußgängern.

Material 3 (Claus Tully: *Alles in Bewegung*)
Claus Tully geht im vorliegenden Zeitungsauszug sowohl auf das veränderte Mobilitätsbewusstsein der jungen Generation im Vergleich zu früher als auch auf den Einfluss moderner Kommunikationstechnologien auf den Lebensstil der Menschen ein. Im Gegensatz zu den letzten Jahrzehnten verliere das Auto als Symbol für Mobilität und gesellschaftlichen Fortschritt immer mehr an Bedeutung. Heutzutage sei es für junge Erwachsene weltweit wichtig, unterschiedliche Verkehrsmittel abhängig vom Weg auswählen zu können. Laut Tully ermöglicht es die moderne Kommunikationstechnik, dass man in verschiedenen Teilwelten gleichzeitig präsent ist, ohne physisch anwesend sein zu müssen. Darüber hinaus böten moderne Kommunikationstechnologien den Vorteil, die Zeit unterwegs optimal für Kommunikation, Arbeit und Unterhaltung nutzen zu können. Zugleich erhalte man durch die Bereitstellung von Informationen einen genauen Überblick über einzelne Verkehrsmöglichkeiten.

Material 4 (Jörg Häntzschel: *Als die Städte fühlen lernten*)
In dem Zeitungsauszug beschreibt Jörg Häntzschel das Projekt „Senseable City Lab" am Massachusetts Institute of Technology (MIT), bei dem Stadtplaner und Soziologen mithilfe von Smartphone-Daten Erkenntnisse über Menschenströme in einer Stadt und über die Demografie eines Stadtviertels gewinnen können. Ziel dabei sei es, in der Zukunft schneller und zielgerichteter auf die Bedürfnisse der Menschen im Hinblick auf Mobilität eingehen zu können. Häntzschel gibt zu bedenken, dass die Erhebung der Daten die Gefahr der (auch staatlichen) Manipulation und Kontrolle beinhalte. Nach Häntzschels Auskunft räumt Dietmar Offenburger, Doktorand am „Senseable City Lab", ein, dass menschliches Verhalten nicht immer vorhersehbar und die Regulation des Lebens nicht das Ziel sei.

Hinweise und Tipps zu Teilaufgabe 2

Die **zweite Teilaufgabe** – auf der der eindeutige Schwerpunkt liegt – besteht darin, auf der Grundlage des Dossiers und eigener Erfahrungen, Gedanken und Gefühle einen **Essay** zu verfassen. Es müssen dabei nicht alle Materialien des Dossiers gleichwertig und gleichgewichtig verwendet werden. Das Dossier gibt in Verbindung mit dem vorgegebenen Titel „Total mobil – auf dem Weg in eine bewegte Zukunft" die **thematische Ausrichtung** des Essays vor. Wichtig ist, dass Sie den Titel zum Dossier in Bezug setzen und so sicherstellen, dass Sie das Thema richtig erfasst haben.

Das Verfassen eines Essays eröffnet Ihnen die Möglichkeit, die eigene **Kreativität** zu entfalten und **Sprachbewusstsein** sowie **Ausdrucksvermögen** unter Beweis zu stellen. Nicht zuletzt erweitert man durch den Schreibprozess seinen eigenen Horizont, indem man neue Erkenntnisse gewinnt und sich über seine eigene Position zu bestimmten Sachverhalten klar(er) wird.

Bei einem Essay handelt es sich um eine **sachliche, kreative Textform**, die berichtende, erörternde, beschreibende sowie schildernde und erzählende Elemente miteinander verbindet und somit großen **Spielraum für eigene Ideen** lässt. Der Essay (engl.: *Versuch*) kann mit einem assoziativ-vernetzenden **„Gedankenspaziergang“** verglichen werden, bei dem Sie sich auf **persönliche, subjektive** Art und Weise mit einem Thema auseinandersetzen und dieses von verschiedenen Seiten geistreich und unterhaltsam „umkreisen“ (Aspekthaftigkeit). Dennoch ist es wichtig, den **roten Faden** nicht aus den Augen zu verlieren. Persönliche Beobachtungen, Eindrücke und Wertungen vermischen sich in einem Essay mit Fakten und Wissen. Diese Textform unterscheidet sich durch die **lockere, offene, oft sprunghafte Gedankenführung** von der viel strenger aufgebauten und stärker argumentierenden Erörterung. Weitere Merkmale des Essays sind die **hohe sprachliche Ästhetik** sowie das **Spiel mit der Sprache**. Besondere Bedeutung kommt dem **Anfang** eines Essays zu, da er das Interesse wecken, zum Thema hinführen und eine Fragestellung entwickeln sollte. Das **Ziel eines Essays** ist es, die eigene Grundhaltung zu einem Thema anschaulich darzulegen und den Leser zu einem eigenen Urteil zu bewegen.

Wie können Sie nun **sinnvoll vorgehen**?

- Nähern Sie sich dem Thema, indem Sie assoziieren und Gedanken und Ideen zu dem Thema „Total mobil – auf dem Weg in eine bewegte Zukunft“ festhalten (Cluster, Stichwortliste etc.). Dabei können Ihnen die Materialien als Ausgangspunkt für Ihre eigenen Reflexionen dienen.
- Strukturieren Sie Ihre Stichworte und finden Sie dazu passende Oberbegriffe.
- Beziehen Sie die einzelnen Bestandteile des Titels in Ihre Überlegungen mit ein, indem Sie sich z. B. folgende Fragen stellen:
  - „Total mobil“: Was bedeutet absolute Mobilität in der Praxis? Was sind die gesellschaftlichen Folgen grenzenloser Mobilität? Ist grenzenlose Mobilität überhaupt wünschenswert?
  - „Auf dem Weg in eine bewegte Zukunft“: Welche Bedeutungen kommen dem Wort „bewegt“ zu? Welche Assoziationen haben Sie zum Begriff „bewegte Zukunft“? Welche Erwartungen bzw. Befürchtungen haben Sie in Bezug auf die Mobilität der Zukunft, Sie persönlich oder die ganze Gesellschaft betreffend?
  - Welche inhaltliche Verbindung besteht zwischen den beiden Teilen („Total mobil“ und „auf dem Weg in eine bewegte Zukunft“)?
- Erstellen Sie ein Gliederungskonzept (Schreibplan), indem Sie überlegen, inwieweit und an welcher Stelle im Essay Sie die Informationen aus dem Dossier sowie Ihre eigenen Gedanken und Ideen einbringen.
- Verfassen Sie den Essay, indem Sie Ihr Konzept realisieren. Achten Sie darauf, Sinnabschnitte zu setzen (für eine hohe Leserfreundlichkeit) und da Überleitungen einzufügen, wo sie sinnvoll sind (für einen besseren Lesefluss).
- Nehmen Sie sich die Zeit, um Ihren Essay hinsichtlich des Inhalts, der Struktur und der sprachlichen Richtigkeit zu überprüfen.

Lösungsvorschlag zu Teilaufgabe 2

„Total mobil – auf dem Weg in eine bewegte Zukunft"

Berlin, Augsburg, Frankfurt, Worms, Köln und Trier – die Liste mit Städten, in denen sich einmal pro Monat die Masse rollend in Bewegung setzt, ließe sich fortführen. Plötzlich ist die Masse nicht mehr träge und seit Neuestem auch noch kritisch unterwegs. *„No emission, no noise, but movement, freedom and mobility* – wir behindern nicht den Verkehr, wir sind der Verkehr!" lautet das **Motto der Critical Mass**, einer friedlichen Aktionsform, bei der sich Fahrradfahrer scheinbar zufällig und unorganisiert zu größeren Gruppen zusammenschließen. Das Ziel der Protestradler ist es, mit ihrer bloßen Anzahl und ihrem geschlossenen Auftreten gegen die **Dominanz des Autos** und gegen die **Zustände im Straßenverkehr** im Allgemeinen zu demonstrieren. Aber wie genau sehen die Zustände aus, gegen die protestiert wird? Was verbirgt sich hinter den Konflikten, die tagtäglich im Verkehr zu beobachten sind? Wie sollte die Verkehrsplanung der Zukunft aussehen?

Einstieg über einen aktuellen, gesellschaftlichen Bezug

Berichtende Passage

Lockerer Stil („Protestradler")

Entwicklung einer Fragestellung

So unterschiedlich Fußgänger, Fahrradfahrer oder Autofahrer auch hinsichtlich ihrer Fortbewegung sind, so sind sie doch nicht selten **vereint** in ihrem **Ärger:** Der Fußgänger ärgert sich über den Fahrradfahrer – „der hat doch ein Rad ab". Der Fahrradfahrer – automatisch der Gute, zumindest in seiner Selbstwahrnehmung – ärgert sich über den bösen Autofahrer und umgekehrt. Das nervöse Klingelingeling, das aggressive Tutut, der erhobene Mittelfinger und das hektische Kopfschütteln sind Ausdruck dieses Ärgers. Je mehr unterschiedliche Verkehrsteilnehmer zusammenkommen, desto explosiver das Gemisch oder vielschichtiger das Geräuschkonzert.

Konflikte zwischen verschiedenen Verkehrsteilnehmern

Lockere Sprache (Redewendung) und leicht ironischer Stil

Geistreiche Wendung („erhobener Mittelfinger")

Metaphern

Was Verkehrsteilnehmer wirklich eint, ist der Wunsch, **jederzeit schnell**, **zuverlässig**, **sicher**, **bequem und preisgünstig** von A nach B zu kommen. Für den einen oder anderen sollte es zudem noch umweltfreundlich vonstattengehen. Wer will nicht mobil sein? Der Manager und die Verkäuferin wollen es sein, Frau Schmidt und Herr Mukherjee, Kevin und Mechthild ebenfalls. Wir wollen zur Arbeit und zum Sport, zu Freunden und zur Familie, ins Grüne und in die Stadt, zum Einkaufen und zum Baden in die Karibik. Sich zu bewegen, ist ein **menschliches Urbedürfnis**. Welcher andere Begriff ist stärker mit der Globalisierung verbunden, welcher andere Begriff trifft unser Bild eines modernen, glücklichen und erfolgreichen Menschen besser, welcher andere Begriff wird inflationärer verwendet als Mobilität? Ob bei Frau Merkel, bei Herrn Kramer, dem Präsidenten der Bundesvereinigung der Deutschen Arbeitgeberverbände, oder beim netten Herrn Letsche aus dem Handyshop um die Ecke, Mobilität ist **in aller Munde**. Die „Bahn macht mobil" wie auch schon Mars „bei Arbeit, Spaß und Spiel mobil" gemacht hat – wirk-

Anforderungen an / Bedeutung von Mobilität

Rhetorische Frage und veranschaulichende Gegenüberstellungen

Rhetorische Fragen zur Verdeutlichung des Stellenwerts des „Mobilitäts"-Begriffs

Lebensweltlicher Bezug

Werbeslogans

lich jeder springt auf den Zug auf. Mobilität fühlt sich einfach gut an. Doch halt! Da gibt es nur ein klitzekleines Problem: Aus eigener Kraftanstrengung heraus kommen wir leider nicht weit – aber wir finden schon Mittel und Wege. Diese haben mit **Wahlmöglichkeiten und Erreichbarkeit** zu tun. Es geht dabei um viel mehr als um den Wechsel zwischen Orten oder Positionen in physischen, geografischen, sozialen oder virtuellen Räumen; es geht darum, den persönlichen **Lebensraum nutzbar zu machen** und zu **erleben**; es geht darum, der eigenen natürlichen Begrenztheit zu entkommen. Kurz gesagt: Es geht um **Lebensplanung und Lebensqualität**.

Lebensqualität – ein **gutes Stichwort** für räumliche Mobilität. Der Soziologe Norbert F. Schneider differenziert in diesem Zusammenhang zwischen **residenzieller** – Umzüge oder Migrationsbewegungen bezeichnender – und **zirkulärer Mobilität**, die tägliches und wöchentliches Pendeln umfasst. Insbesondere die letzte Form trägt den Anforderungen des Arbeitsmarktes Rechnung, der immer mehr **Flexibilität** voraussetzt. War früher nicht alles besser, weil einfacher und klarer? Früher war die Arbeit an einem festen Ort verankert. Man fuhr oder lief kurz hin, weil man vor Ort lebte, und arbeitete in der Regel mehr als 40 Jahre im selben Betrieb. Mit den Veränderungen im Arbeitsleben wurde der Weg zur Arbeit zwangsläufig weiter. Was macht man, wenn man längere Strecken zurücklegen muss? „Natürlich das Auto nehmen", würden viele Arbeitnehmer antworten und in der Tat sprechen die Zahlen des Statistischen Bundesamtes eine klare Sprache: Im Jahre 2008 benutzten 60 % der Berufspendler das Auto und nur 13 % die öffentlichen Verkehrsmittel.

Lässt sich die Entfernung zwischen Wohnung und Arbeitsplatz mit öffentlichen Verkehrsmitteln oder dem Auto nicht mehr täglich bewältigen, führt für viele Arbeitnehmer an einer zweiten Bleibe kein Weg mehr vorbei. Wenn Menschen im selben Zeitraum an zwei oder mehr Orten leben, sprechen Soziologen vom **multilokalen Wohnen**. Berufliche Mobilität hat also ihren Preis: Nicht nur, dass die Preise auf dem vielerorts angespannten Wohnungsmarkt steigen, auch die Feinstaubbelastung durch den zusätzlichen Verkehr in den Innenstädten nimmt zu. Darüber hinaus zahlt jeder einzelne Pendler persönlich einen hohen Preis, weil die „Enträumlichung", um mit Schneider zu sprechen, einhergeht mit dem **Verlust sozialer Kontakte** und der **Beeinträchtigung des Familienlebens**.

Gleichzeitig ist aber auch die entgegengesetzte Entwicklung zu beobachten: die Verräumlichung unseres Lebens. Durch moderne **Kommunikationstechnologien** werden konkrete physische Räume mit virtuellen „Spaces" zu einem komplexen Raum verbunden. Während man sich bei der Arbeit befindet, ist man gleichzeitig in sozialen Netzwerken eingeloggt. Während man im Urlaub ist, liest man nebenher seine E-Mails auf dem Smartphone. Das Motto

- Wortspiel
- Redewendung („Mittel und Wege")
- *Bezug zu Material 1*
- **Zweck der „Mobilität"**
- Prägnanz („Kurz gesagt")
- Assoziative Überleitung
- *Bezug zu Material 1*
- **Mobilität und Arbeit**
- **Gegensatz zwischen früher und heute**
- *Bezug zu Material 2*
- Fakten schildernde Passage
- **Die Schattenseite der beruflichen Mobilität**
- *Bezug zu Material 5*
- *Bezug zu Material 1*
- *Bezug zu Material 3*
- **Virtuelle Mobilität**
- Beispiele

unserer schnelllebigen Zeit lautet nicht „entweder oder", sondern „sowohl als auch". Kritiker dieser Entwicklung würden statt von einer Verschmelzung sozialer Räume eher von einer Verflüssigung sprechen. Schneider weist zu Recht darauf hin, dass „mobile Persönlichkeiten überall zu Hause sind – und nirgends".
Raten Sie mal, liebe Leserin, lieber Leser, wo ich mich gerade befinde? Falsch, nicht im Arbeitszimmer, sondern **im Zug, meinem mobilen Arbeits- und Wohnzimmer**. Nachdem ich meine E-Mails beantwortet und endlich neue Sportschuhe bestellt habe, könnte ich doch – dank der modernen Kommunikationstechnologie, die ortsunabhängig macht und das Unterwegssein neu definiert – mal etwas arbeiten. Ich lasse meine Gedanken schweifen, während ich an Bäumen, Ortschaften und Autos vorbeirase, die im Stau stehen. Zeilen aus einem alten Kraftwerk-Song der Siebzigerjahre kommen mir in den Sinn: *Wir fahr'n, fahr'n, fahr'n auf der Autobahn / Vor uns liegt ein weites Tal / Die Sonne scheint mit Glitzerstrahl / Die Fahrbahn ist ein graues Band / Weiße Streifen, grüner Rand.*
In den **Siebzigerjahren** stand der Slogan „Freie Fahrt für freie Bürger", propagiert von der Automobilindustrie und den Automobilverbänden, für eine **fragwürdige Mobilitätsvorstellung**. Auf die Frage, wie man auf die steigende Verkehrsbelastung durch Autos reagieren sollte, gab die Politik eine so einfache wie scheinbar logische Antwort: Mehr Straßen müssen her! Der Zuwachs an Autos im Straßenverkehr galt als **Symbol** gesellschaftlichen **Fortschritts**. Versprach das Auto als magisches Objekt früher individuelle Freiheit, Abenteuer und Prestige, so hat es heute bei vielen an kulturellem Wert und symbolischem Gehalt verloren.
Heute lautet die Devise vieler junger Menschen: **lieber Facebook als Führerschein**. Aufgrund zunehmend virtueller Kontakte nimmt der Wunsch nach tatsächlichen Begegnungen ab. Hinzu kommen Punkte wie hohe Benzinpreise, immer bessere Angebote im öffentlichen Verkehr und der beschriebene Wertewandel, die dazu führen, dass immer weniger junge Leute die Fahrerlaubnis erwerben.
Wer in urbanen Räumen nicht auf das Autofahren verzichten will und kann, wird Gebrauch machen von flexiblen und kostengünstigen **Carsharing-Modellen**, bei denen man sich nicht um lästige Reparaturen und Inspektionen kümmern muss und darüber hinaus immer ein modernes Auto zur Verfügung hat. Teilen statt Besitzen wird ein Merkmal moderner Mobilität sein.
Immer wenn man auf moderne Mobilität zu sprechen kommt, nimmt ein Gefährt, das klein, leise und im Prinzip emissionsfrei ist, eine herausgehobene Stellung ein. Nein, nicht der Schlitten des Weihnachtsmannes und auch nicht der des Jedi-Ritters Luke Skywalker – die Rede ist vom **Elektroauto**, das für viele einem Messiasgefährt gleichkommt. Die Mobilität aus der Steckdose mit ihren

Antithese

Bezug zu Material 3 (Zitat)

Dialogische Leseransprache

Einbeziehen der eigenen Erfahrung und Person in einer erzählerischen Passage

Assoziative Verknüpfung mit Liedauszug (persönlicher Erfahrungshintergrund) als Überleitung

Frühere Mobilitätsvorstellungen

Bezug zu Material 3

Anschaulicher Stil, Ausruf

Die Bedeutung des Autos früher und heute

Anschaulich-prägnante Wendung mit Alliteration („Facebook" – „Führerschein")

Bezug zu Material 3

Mobilitätslösungen heute und in Zukunft

Elektromobilität

Unterhaltsamer Stil

Vergleich

vielen Vorteilen und den wenigen Nachteilen stellt aber nur ein Puzzlestück dar, wenn es um Mobilitätskonzepte der Zukunft geht. Nur weil man eine Technologie durch eine bessere ersetzt, gibt man noch lange keine Antwort auf die Frage, wie man Mobilität zukunftsfähig gestalten kann. Auch Autos, die selbst fahren, vorausschauend in jeder Hinsicht, sind herzlich willkommen, sich in die Reihe der Verkehrsmittel einzureihen. Worum es aber wirklich geht, ist die **optimale Vernetzung** der Verkehrsmittel. Angesichts der Flexibilisierung und Individualisierung der Gesellschaft muss man sicherstellen, dass Verkehrsmittel je nach Weg und Bedürfnis ausgewählt und miteinander kombiniert werden können. Auch eine gute und einfache Organisation gehört dazu – Hongkong macht es vor: Dort besitzen 95 % der Einwohner eine Mobilitätskarte mit dem sprechenden Namen „Octopus". Mit dieser Karte können alle Verkehrsmittel der Stadt von Bus über Fähre bis hin zur U-Bahn genutzt werden, abgerechnet wird je nach Strecke und Verkehrsmittel.

Bildhafte Sprache

Mobilität und Technik

Vernetzte Mobilität

Beispiel für zukunftsweisende Projekte (Fakten schildernde Passage)

Tragfähige Mobilitätskonzepte beinhalten neben der Bereitstellung und Vernetzung moderner Verkehrsmittel auch schnelle Kommunikations- und Informationsangebote. Erst so kann ein fliegender Wechsel zwischen einzelnen Verkehrsmitteln überhaupt stattfinden. Als **Mobilitätszentrale** dient dabei das **Smartphone**, das uns mitteilt, wo sich das nächste Carsharing-Auto oder die nächste Bikesharing-Station befindet oder wann die nächste S-Bahn fährt. Wäre es nicht genial, wenn man nur einen „Ich will nach …"-Button auf seinem Smartphone drücken müsste und ein Programm daraufhin aktuell verfügbare Optionen anzeigen würde? Zukunftsmusik? Mitnichten: Das **Projekt „Immermobil"** in der Urlaubsregion Chiemsee zeigt, wie es gehen könnte: Die Teilnehmer des Projekts geben auf ihrem Smartphone vorab bevorzugte Verkehrsmittel, das Reisebudget und den maximal erträglichen Fußweg in ein Onlineprofil ein. Diese Wünsche werden berücksichtigt, wann immer der aktuelle Aufenthaltsort mithilfe von Satelliten erfasst werden kann. Dies erinnert an sogenannte **„Smart-City-Projekte"**, bei denen u. a. simuliert wird, wie **Verkehrs- und Menschenströme** sich in einer Großstadt mithilfe von Smartphone-Daten genau erfassen und sinnvoll **steuern** ließen, indem der Einzelne in Sekundenschnelle über die für ihn besten Mobilitätsangebote informiert wird. Schöne, neue Welt: **total mobil**, total genial?

Mobilität und Kommunikationstechnologie

Rhetorische Fragen

Beispiel für zukunftsweisende Projekte (aus der eigenen Erfahrung)

Bezug zu Material 4

Einbeziehen des Essay-Titels

Damit die globalisierte Welt nicht am Verkehr erstickt, muss bereits heute an **Mobilitätskonzepten für morgen** gearbeitet werden. Mobilität muss für und mit den Menschen gestaltet werden. Man streut Sand ins Getriebe, wenn man von oben herab vorschreibt, welche Verkehrsmittel der Einzelne benutzen soll. Nur so kann Mobilität nachhaltig sein, was den sozialen, ökonomischen und ökologischen Aspekt mit einschließt.

Fazit/Appell

Redewendung

Checkliste zu Teilaufgabe 1

Aspekt	Ja	Teil-weise	Nein	Weiß nicht
INHALT				
Habe ich die Textsorte (Artikel, Karikatur, Schaubild etc.) und das Thema des jeweiligen Materials genannt?	☐	☐	☐	☐
Habe ich dargelegt, unter welcher Fragestellung das Thema untersucht wird?	☐	☐	☐	☐
Habe ich die Kernaussagen der einzelnen Materialien wiedergegeben?	☐	☐	☐	☐
Habe ich unnötige Informationen wie Titel, Erscheinungsort und -datum weggelassen?	☐	☐	☐	☐
Habe ich beim Schaubild darauf geachtet, nur die wichtigsten Fakten wiederzugeben und die Zahlen in Bezug zueinander zu setzen?	☐	☐	☐	☐
Habe ich beim Schaubild darauf geachtet, keine Vermutungen bzw. Schlussfolgerungen zu formulieren?	☐	☐	☐	☐
SPRACHE UND FORM				
Habe ich die zentralen Aussagen kurz und knapp zusammengefasst?	☐	☐	☐	☐
Habe ich diese sachlich und objektiv wiedergegeben?	☐	☐	☐	☐
Habe ich im Präsens geschrieben?	☐	☐	☐	☐
Habe ich in meinen eigenen Worten formuliert?	☐	☐	☐	☐
Habe ich Fremdmeinungen und -wertungen als solche kenntlich gemacht (z. B. durch indirekte Rede)?	☐	☐	☐	☐

Checkliste zu Teilaufgabe 2

Aspekt	Ja	Teil-weise	Nein	Weiß nicht
AUFBAU UND STRUKTUR				
Habe ich Sinnabschnitte gebildet?	☐	☐	☐	☐
Habe ich einen einführenden Einstieg formuliert, der eine Fragestellung aufbaut?	☐	☐	☐	☐
Ist mein Einstieg ansprechend und kreativ gestaltet und animiert er zum Weiterlesen?	☐	☐	☐	☐

Hat mein Essay – trotz bewusster Brüche und Überraschungsmomente – einen roten Faden?	☐	☐	☐	☐
Habe ich ein in sich stimmiges Gesamtkonzept (Gedankenspaziergang mit Haupt- und Nebenpfaden; gedankliche Vernetzung), mit dem ich ein Ziel verfolge?	☐	☐	☐	☐
Habe ich einen Schlussteil verfasst, der einen Bezug zur Themenfrage aufweist (z. B. Fazit, Appell, eigene Position, Denkanstoß, Ausblick etc.)?	☐	☐	☐	☐
INHALT				
Habe ich das Dossier angemessen berücksichtigt?	☐	☐	☐	☐
Habe ich das Thema aus unterschiedlichen Blickwinkeln betrachtet (hier z. B.: Verkehrsteilnehmer, Gesellschaft – Individuum, Technologien)?	☐	☐	☐	☐
Habe ich eigene interessante Gedanken entwickelt (hier: z. B. verändertes Mobilitätsbewusstsein, Einfluss moderner Kommunikationstechnologie, Carsharing)?	☐	☐	☐	☐
Habe ich eigene originelle Ideen entwickelt?	☐	☐	☐	☐
Habe ich meine Gedanken/Argumente mithilfe von (unterhaltsamen) Beispielen veranschaulicht?	☐	☐	☐	☐
Habe ich die Themenfrage ausreichend berücksichtigt?	☐	☐	☐	☐
Habe ich eine gute Mischung aus Objektivität (z. B. Zahlen) und Subjektivität (z. B. persönl. Erfahrung) erreicht?	☐	☐	☐	☐
Habe ich – beispielsweise durch Zuspitzungen – den Leser/die Leserin zum eigenen Weiterdenken angeregt?	☐	☐	☐	☐
Habe ich nicht nur Antworten gegeben, sondern auch interessante Fragen aufgeworfen?	☐	☐	☐	☐
Habe ich trotz aller inhaltlichen Tiefe einen für den Leser/die Leserin ansprechenden Text verfasst, der sich durch eine gewisse Leichtigkeit auszeichnet?	☐	☐	☐	☐
SPRACHE UND FORM				
Habe ich sprachlich anspruchsvoll formuliert, indem ich rhetorische Mittel verwendet habe?	☐	☐	☐	☐
Habe ich vielfältig, abwechslungsreich und unterhaltsam formuliert (z. B. gewollte Stilbrüche, Wechsel des Tons)?	☐	☐	☐	☐
Habe ich mit Sprache gespielt (Wortspiele etc.)?	☐	☐	☐	☐
Habe ich verschiedene Schreibhaltungen eingenommen (sachlich-distanziert, persönlich, appellativ, dialogisch, erzählend, beschreibend ironisch, humorvoll etc.)?	☐	☐	☐	☐
Habe ich für einzelne Aspekte eine angemessene Schreibhaltung eingenommen (Verhältnismäßigkeit)?	☐	☐	☐	☐

Klausuren Deutsch
Übungsaufgabe 11 – Materialgestützte Erörterung

Aufgabe

In Zeiten der Globalisierung kommt dem Thema „Mobilität“ eine immer größere Bedeutung zu. Mobilität war eine zentrale Voraussetzung dafür, dass der Prozess der Globalisierung in Gang kam; heute beeinflusst sie unser Leben in sozialer, ökonomischer, ökologischer und technologischer Hinsicht. Erörtern Sie – ausgehend von aktuellen Entwicklungen – die Chancen und Herausforderungen im Hinblick auf räumliche Mobilität. Beziehen Sie sich bei Ihren Ausführungen auch auf die **Materialien des Dossiers auf den Seiten 108 bis 112 dieses Bandes**.

Hinweise und Tipps

Bei der **materialgestützten Erörterung** geht es um eine lineare oder dialektische Erörterung eines Themas **auf der Grundlage eines Dossiers** (Materialsammlung).
In der vorliegenden Übungsaufgabe beinhaltet das Dossier fünf Materialien (drei Texte, ein Schaubild und eine Karikatur), die sich mit dem Thema „Mobilität“ auf unterschiedliche Art und Weise befassen.

Wichtig ist, dass Sie **nicht** wie etwa bei der Erörterung auf Grundlage eines Textes **Stellung zu den einzelnen Materialien** des Dossiers **beziehen**, sondern das Dossier als **Anregung und Unterstützung** betrachten. Es führt zum Thema hin und dient als **Wissensgrundlage**. Darüber hinaus enthält es Aspekte und Argumente, die Ihnen dabei helfen, **selbst Position** zu dem in der Aufgabe gestellten Thema zu **beziehen** und diese zu begründen. Dabei müssen Sie Ihre **Argumente** entfalten, indem Sie **Belege und Beispiele** anbringen.
Im Rahmen Ihrer Erörterung sollen **Bezüge zu den Materialien** erkennbar sein. Es müssen dabei nicht alle Materialien des Dossiers gleichwertig und gleichgewichtig berücksichtigt werden. Achten Sie darauf, **die in den Texten enthaltenen Argumente und Gesichtspunkte nicht einfach nur wiederzugeben und aufzulisten**, sondern sie sinnvoll und in eigenständigen Formulierungen in Ihre Stellungnahme zu integrieren. Zudem ist es wichtig, dass Sie das Thema **sachlich und objektiv** von möglichst unterschiedlichen Seiten beleuchten.

Für das Gelingen Ihres Aufsatzes ist eine **schlüssige Gliederung** unabdingbar. Wenn ein Thema von einem bestimmten Standpunkt aus – also nicht kontrovers – umfassend betrachtet werden soll, so verläuft die Gliederung linear. Da es in der vorliegenden Aufgabe um die Gegenüberstellung von Chancen und Herausforderungen geht, ist eine dialektische Erörterung erforderlich.

Wie können Sie nun **sinnvoll vorgehen**?

- Erschließen Sie sich die Materialien, indem Sie die zentralen Aussagen und Schlüsselwörter hervorheben.
- Nähern Sie sich der Aufgabenstellung, indem Sie zentrale Begriffe daraus für sich definieren.
- Nähern Sie sich dem Thema, indem Sie assoziieren und Gedanken und Ideen zu dem Thema „Chancen und Herausforderungen von räumlicher Mobilität" festhalten (Cluster, Stichwortliste o. Ä.). Dabei können Ihnen die Materialien als Ausgangspunkt für Ihre eigenen Ideen (Stoffsammlung) dienen.
- Strukturieren Sie Ihre Stichworte und finden Sie dazu passende Oberbegriffe (z. B. in Form einer Mind-Map).
- Erstellen Sie ein Gliederungskonzept (Schreibplan), in dem Sie den Aufbau Ihres Aufsatzes planen.
- Verfassen Sie die Erörterung, indem Sie Ihr Konzept realisieren. Achten Sie darauf, Sinnabschnitte zu setzen (für eine hohe Leserfreundlichkeit) und Überleitungen einzufügen (für einen besseren Lesefluss).
- Nehmen Sie sich die Zeit, Ihren Aufsatz hinsichtlich des Inhalts, der Struktur und der sprachlichen Richtigkeit genau zu überprüfen.

Eine Gliederung für den folgenden Lösungsvorschlag sieht folgendermaßen aus:

1. Einleitung
2. Eingrenzung des Begriffs „Mobilität" und Abstecken des Themas
   2.1 Mobilität früher
   2.2 Massenmobilität und Bedeutung des Autos
   2.3 Moderne Kommunikations- und Informationstechnologie
   2.4 Individualisierung des Verkehrs
3. Chancen und Herausforderungen räumlicher Mobilität
   3.1 Ökonomischer Bereich
   3.2 Sozialer Bereich
   3.3 Ökologischer Bereich
   3.4 Technologischer Bereich
4. Fazit: Die Mobilität der Zukunft

Lösungsvorschlag

In Zeiten der Globalisierung ist **Mobilität** immer mehr zu einem häufig verwendeten Schlagwort geworden, das stellvertretend für **Flexibilität**, **Modernität**, **Unabhängigkeit**, **Lebensqualität und Teilhabe** an gesellschaftlichen Entwicklungen steht. Dass sich jedoch noch viel mehr hinter diesem Begriff verbirgt, wird deutlich, wenn man den Versuch unternimmt, ihn zu definieren.

1. Einleitung

Der Begriff „Mobilität" bezeichnet im Allgemeinen die Möglichkeit oder auch die Fähigkeit, den Ort oder eine Position zu wechseln, und steht daher mit dem menschlichen **Grundbedürfnis nach Fortbewegung** in engem Zusammenhang. In der Gegenwartsgesellschaft ist der Begriff häufig mit der **Bereitstellung von Verkehrsmitteln** verknüpft, die dieses Bedürfnis befriedigen. Aus diesem Grund verwundert es nicht, dass Mobilität oft voreilig mit Verkehr gleichgesetzt wird. Verkehr ist zwar sowohl Ausgangspunkt als auch Folge des Wunsches nach grenzenloser Mobilität, jedoch ist Mobilität **nicht auf den räumlichen Aspekt beschränkt**, das heißt auf den Wechsel von A nach B in physischen Räumen. Vielmehr bezeichnet der Begriff auch andere Aspekte wie zum Beispiel den **sozialen Aspekt** des Auf- oder Abstiegs innerhalb gesellschaftlicher Schichten.

2. Eingrenzung des Begriffs „Mobilität" und Abstecken des Themas

Bezug zu Material 1

Im weiteren Verlauf liegt der **Schwerpunkt auf räumlicher Mobilität** in Deutschland und anderen westlichen Industriestaaten. In diesem Zusammenhang kann man noch einmal differenzieren zwischen residenzieller – Umzüge und Migrationsbewegungen bezeichnender – und zirkulärer Mobilität, die sich auf tägliches oder wöchentliches Pendeln bezieht.

Eingrenzung des Erörterungsthemas

Bezug zu Material 1

Um hinreichende Antworten auf die Frage, was die **Chancen und Herausforderungen** räumlicher Mobilität sind, geben zu können, ist es vonnöten, sich die gegenwärtige Situation im Mobilitätsbereich vor Augen zu führen. Man wird die Lage jedoch nur richtig einschätzen und Schlussfolgerungen ziehen können, wenn man gleichzeitig einen kurzen Blick in die Vergangenheit wirft.

Überleitung und Begründung des weiteren Vorgehens

Grundsätzlich gilt, dass die zunehmende globale Vernetzung einzelner Staaten und Regionen auf der einen Seite mit einem wachsenden Bedürfnis nach Mobilität einhergeht und dass auf der anderen Seite Prozesse der **Globalisierung durch Mobilität** erst ermöglicht worden sind und werden. Darüber hinaus kann Mobilität als ein Gradmesser für den wirtschaftlichen und technischen Entwicklungsstand eines Staates angesehen werden.

Mobilität und Globalisierung

Bezug zu Material 1

2.1 Mobilität früher

Im Rückblick sind zwei Entwicklungen für die Mobilitätsgeschichte von zentraler Bedeutung: Die **Erfindung der Dampfmaschine bzw. der Eisenbahn** im ersten Drittel des 19. Jahrhunderts ersetzte zum ersten Mal die natürliche Bewegung und führte dazu, dass die Menschen längere Wege zwischen Wohnung und Arbeitsstelle zurücklegen konnten. Im letzten Drittel des 19. Jahrhunderts begann mit den Straßenbahnen in den Großstädten die Phase der **Massenverkehrsmittel**, die zur Folge hatte, dass der urbane Raum wuchs und der ländliche zurückgedrängt wurde.

2.2 Massenmobilität und Bedeutung des Autos

Das zweite für die Mobilitätsentwicklung entscheidende Ereignis war die **Massenmotorisierung**, die durch den Durchbruch des Autos in Gang gesetzt wurde. Sie ermöglichte es weiten Teilen der Gesellschaft, mobiler zu werden und die eigene Mobilität individueller, freier und unabhängig von äußeren Faktoren wie Busfahrplänen und Streiks zu gestalten. In Deutschland war das **Auto** in den Wirtschaftswunder-Jahren nicht nur ein komfortables Fortbewegungsmittel, sondern auch Sinnbild für Erfolg und gesellschaftlichen Fortschritt. Heutzutage verliert das Auto gerade bei jungen Leuten in urbanen Räumen wieder an Bedeutung, wie z.B. sinkendende Führerscheinzahlen zeigen – wenngleich das Auto bei Berufspendlern noch immer das mit Abstand am meisten genutzte Verkehrsmittel ist.

Bezug zu Material 3

Bezug zu Material 2

2.3 Moderne Technologien

Bezug zu Material 3

Ein Grund für dieses Phänomen ist die rasante Entwicklung im Bereich der modernen **Kommunikations- und Informationstechnologie**, die es Menschen ermöglicht, konkrete physische Räume mit virtuellen „Spaces“ zu verknüpfen oder sie gar zu ersetzen.

2.4 Individualisierung des Verkehrs

Bezug zu Material 3

Heutige Mobilität ist gekennzeichnet durch eine zunehmende Individualisierung, für die das Auto den Weg bereitet hat. Insbesondere junge Menschen in der Stadt organisieren ihre **Mobilität multimodal:** Sie wählen zur Verfügung stehende Verkehrsmittel je nach Weg und Bedarf aus und kombinieren sie miteinander. Dieses Verhalten ist Ausdruck eines **veränderten Mobilitätsbewusstseins**, bei dem Aspekte wie Flexibilität und Eigenverantwortung im Mittelpunkt stehen. Im Vergleich zu früher ist Mobilität heute nicht an ein bestimmtes Verkehrsmittel gebunden, sondern wird durch eine Mischung aus verschiedenen Fortbewegungsmöglichkeiten erreicht.

3. Chancen und Herausforderungen räumlicher Mobilität

Mobilitätsmöglichkeiten und -grenzen prägen den Menschen entscheidend in seinem Handeln und Denken. „Mobil sein“ bedeutet mehr, als nur Räume und Distanzen zu überwinden – Mobilität ist zu einem Großteil mitverantwortlich für unsere **Lebensqualität**.
Im Folgenden werden sowohl die Chancen, die räumliche Mobilität mit sich bringt, als auch die Herausforderungen bzw. Probleme von Mobilität in verschiedenen Bereichen dargelegt. Die Chancen und Herausforderungen betreffen zum einen die Gesellschaft als Ganzes und zum anderen den Einzelnen in seinem jeweiligen Umfeld.

Was den ökonomischen Sektor anbelangt, so ist Mobilität für Unternehmen in Zeiten der **Globalisierung** von größter Bedeutung, um konkurrenzfähig bzw. erfolgreich sein zu können. Um **neue Märkte** erschließen zu können, bedarf es Mitarbeiter/-innen, die bereit sind, an verschiedenen Orten zu arbeiten und zu leben. Je stärker Unternehmen weltweit tätig sind und je stärker sie mit anderen Unternehmen kooperieren, desto mobiler müssen auch die Angestellten sein. Für Unternehmen ist die „Mobilisierung" deshalb sowohl Chance als auch Herausforderung – gelingt es, beispielsweise durch eine bessere Vergütung, durch kostenlose Heimflüge bei längeren Auslandsaufenthalten oder durch attraktive Aufstiegsmöglichkeiten die Mitarbeiter für ein überregional-mobiles Arbeitsleben zu motivieren, dann wird sich auch die Ausweitung des Geschäfts leichter gestalten lassen. Falls dies nicht gelingt, droht das Zurückfallen hinter die Konkurrenz.

3.1 Ökonomischer Bereich

Globalisierung als Grund für unternehmerische Mobilität

Mobilität als Chance und Herausforderung (mit Beispielen)

Für Arbeitnehmer heißt dies, dass sich die **Chancen auf dem Arbeitsmarkt** vergrößern, wenn sie den Mobilitätsansprüchen der Unternehmen genügen können. Von der anderen Seite betrachtet kann mangelnde Erreichbarkeit – häufig ausgelöst durch höhere Mobilitätskosten wegen massiv steigender Rohölpreise – neben dem Bildungsabschluss zur Arbeitslosigkeit beitragen. Aufgrund der **immer höheren Mobilitätsanforderungen** seitens der Wirtschaft steigen automatisch die Ansprüche jedes Einzelnen an Mobilität, damit Reisedauer, -kosten und -belastung in einem erträglichen Rahmen bleiben. Darauf wiederum müssen die Mobilitätsanbieter mit innovativen Ideen reagieren.

Positive und negative Konsequenzen für den Arbeitnehmer

Die im Berufsleben immer mehr geforderte Mobilität wirkt sich auch auf den sozialen Bereich aus:

Überleitung

Lässt sich die Distanz zwischen Wohnung und Arbeitsstelle mit öffentlichen Verkehrsmitteln oder dem Auto nicht mehr täglich bewältigen, führt für viele Arbeitnehmer/-innen an einer zweiten Bleibe kein Weg mehr vorbei. **Multilokales Wohnen** hat nicht nur höhere Mietausgaben zur Folge, sondern beeinträchtigt häufig die sozialen Kontakte und das Familienleben. Was das Zwischenmenschliche anbelangt, so ist jedoch auch die gegenläufige Entwicklung zu beobachten. Dank **virtueller Mobilität** können verschiedene Bereiche des Lebens wie Arbeit, Freizeit, Familie und Freunde mit weniger Aufwand gleichzeitig gelebt werden, ohne dass die körperliche Anwesenheit erforderlich ist.

3.2 Sozialer Bereich

Nachteile der Mobilitätsansprüche für den Einzelnen …

… und Möglichkeiten des Umgangs damit

Bezug zu Materialien 1 und 3

Ein weiterer sozialer Gesichtspunkt, den es zu bedenken gilt, ist das Zusammenspiel derjenigen, die für sich Mobilität einfordern. So sehr der Einzelne darauf bedacht sein dürfte, möglichst unbegrenzt mobil zu sein, so muss ihm bewusst sein, dass er in seiner Mobilität unter Umständen andere in ihren Möglichkeiten einschränken kann: Wenn **Autofahrer** möglichst zügig vorwärts kommen möchten,

Gefahr der Beeinträchtigung anderer

dann müssen sich **Fahrradfahrer** – gerade da, wo es keine oder nur schlecht ausgebaute Fahrradwege gibt – besonders in Acht nehmen, um nicht ausgebremst oder angefahren zu werden. Im Gegenzug müssen Autofahrer nicht selten besonders auf jene Fahrradfahrer Rücksicht nehmen, die Verkehrsregeln missachten.

3.3 Ökologischer Bereich

Umweltbelastung

Bezug zu Material 5 (Verkehrsbelastung)

Bedingt durch steigende Anforderungen an Mobilität wird der **Verkehr** der Zukunft zwangsläufig zunehmen. Eine zentrale Herausforderung wird sein, die aus dem Verkehrsgeschehen resultierende **Belastung in Form von Lärm, Feinstaub und CO_2-Ausstoß** in einem vertretbaren Rahmen zu halten. Besondere Beachtung verdient der Blick auf zukünftige Generationen, die von den Folgen, die unser heutiges Mobilitätsverhalten hat, hart getroffen werden können. Denn Verantwortung besitzen wir nicht nur für uns selbst, sondern auch für unsere Kinder.

Herausforderung: Verantwortung für zukünftige Generationen

Doch auch die **Umweltgerechtigkeit** in der Gegenwart ist ein wichtiger Punkt: Denn Studien haben ergeben, dass die Emissionsbelastung je nach Einkommensgruppe unterschiedlich ausfällt. Dieses Problem gilt es bei einer sozialverträglichen Mobilitätsentwicklung zu berücksichtigen.

Herausforderung: Soziale Verantwortung für aktuelle Gerechtigkeit

Um die Verkehrsbelastung in Grenzen zu halten, bedarf es einer **Veränderung der Mobilitätsinfrastruktur:** Sozialverträgliche Mobilitätsentwicklung muss einhergehen mit **Raum-** und insbesondere **Stadtplanung**. Wenn räumliche Entfernungen durch intelligente Verkehrssysteme verkürzt und Versorgungsnetze dichter würden, verlören noch so umweltfreundliche Autos als Massenverkehrsmittel immer mehr an Bedeutung. Die dann nicht mehr in dem Ausmaß benötigten Straßen und Parkräume könnten in **Grün- und Spielflächen** umgewandelt werden – mit der Folge, dass sich die **Lebensqualität** in Städten entscheidend verbessern würde.

Ableitung von Veränderungsmaßnahmen

Bezug zu Material 4 (Aspekt der Städteplanung)

Stadtplanung als Chance zur Verbesserung der Lebensqualität

3.4 Technologischer Bereich

Herausforderung für die Industrie

Um der Aufgabe, die Umweltbelastung auf ein Minimum zu reduzieren, Rechnung tragen zu können, müssen **effizientere**, **ressourcenschonende Verkehrsmittel** wie das Elektroauto entwickelt werden. Der Umstieg auf Elektroautos setzt aber voraus, dass der mögliche Käufer von der Leistung des Fahrzeuges überzeugt ist – die Herausforderung für die Autoindustrie besteht deshalb darin, das Problem der noch relativ geringen Reichweite, bedingt durch leistungsschwache Batterien, zu lösen.

Notwendigkeit von visionärer Innovation

Der Wunsch nach mehr und besserer Mobilität geht oft über die bestehenden Möglichkeiten hinaus und ist immer ein Stück weit visionär. Doch gerade Visionen sind es, die Innovation fördern können. Denn wer Visionen hat, weiß, wohin er will.

Ökonomische Chancen zukunftsweisender Innovationen

Ein positiver Effekt der technologischen Innovation auf dem Gebiet der **Elektromobilität** ist der Ausbau von zukunftssicheren **Arbeitsplätzen**. Denn die Elektromobilität ist wegen der oben beschriebenen Notwendigkeit umweltfreundlicher Fortbewegungsmittel ein

Zukunftsmarkt – im Unterschied beispielsweise zum Verbrennungsmotor, der eine immer geringere Rolle spielen wird.

Zudem bieten technologische Weiterentwicklungen in einem ganz anderen Bereich Chancen für die **Regulation des Verkehrs:** So könnten Smartphone-Daten, mit denen sich Informationen zu Verkehrs- und Menschenströmen sammeln lassen, genutzt werden, um die einzelnen Verkehrsteilnehmer in Sekundenschnelle über die für sie besten Mobilitätsmöglichkeiten zu informieren. Moderne Technologien können so zukünftig einen wichtigen Beitrag zur **Vermeidung von Staus** leisten. Dabei besteht neben der technologischen Umsetzung eine weitere Herausforderung darin, die erfassten **Mobilitätsdaten** im Sinne des Datenschutzes so zu sichern, dass sie nicht in falsche Hände gelangen können.

Verkehrssteuerung über Smartphone-Daten

Bezug zu Material 4

Gefahr mangelnden Datenschutzes

4. Fazit: Die Mobilität der Zukunft

Es hat sich gezeigt, dass man vor dem Thema „Mobilität“ nicht die Augen verschließen darf. Es bietet – trotz aller Herausforderungen – die Chance, die Lebensqualität der Menschen zu steigern, sofern ein paar Punkte berücksichtigt werden. Die **Veränderungsbereitschaft** der Menschen und die **Akzeptanz** gegenüber neuen Mobilitätskonzepten werden nur gegeben sein, wenn man sich der Aspekte Schnelligkeit, Zuverlässigkeit, Sicherheit, Bequemlichkeit und Kosten annimmt und sich der **Wechselwirkung zwischen Mobilitätschancen und möglichen sozialen Ungleichheiten** bewusst ist. Man darf Mobilität nicht begrenzen und nicht ein Verkehrsmittel gegen ein anderes ausspielen. Die Mobilität der Zukunft wird sich neben der technischen Weiterentwicklung einzelner Verkehrsmittel durch eine **bessere Vernetzung der Fortbewegungsmittel** auszeichnen, die durch moderne Kommunikations- und Informationstechnologie ermöglicht wird. Darüber hinaus wird die **gemeinsame Teilhabe** in Form von Carsharing-Modellen immer wichtiger werden.

Bezug zu Material 3

Angesichts der globalen Erwärmung wird jedoch ein **Umdenken** im Bereich der Mobilität stattfinden müssen. Wir dürfen bei der Frage, wie man zukunftstaugliche Mobilität umsetzen kann, nicht das Hauptaugenmerk auf Schnelligkeit legen, denn **Nachhaltigkeit** ist mindestens ebenso wichtig. Dies schließt mit ein, dass man sich selbst etwas zurücknimmt und nicht alle Optionen an Mobilität auch nutzen muss, nur weil sie einem zur Verfügung stehen.

Reflektierender Ausblick

Checkliste

Aspekt	Ja	Teil-weise	Nein	Weiß nicht
AUFBAU UND STRUKTUR				
Habe ich Sinnabschnitte gebildet?	☐	☐	☐	☐
Habe ich eine aufgabenbezogene Einleitung formuliert?	☐	☐	☐	☐
Folgt mein Aufsatz einem in sich stimmigen Gesamtaufbau, in dem die Aspekte logisch angeordnet und miteinander verbunden sind?	☐	☐	☐	☐
Habe ich Überleitungen formuliert?	☐	☐	☐	☐
Enthält mein Aufsatz einen Schluss, der einen Bezug zur Themenfrage aufweist und den Aufsatz abrundet (Fazit, Rückbezug zur Einleitung, Appell, Ausblick etc.)?	☐	☐	☐	☐
INHALT				
Habe ich zentrale Begriffe aus der Aufgabenstellung definiert (hier: z. B. [räumliche] Mobilität)?	☐	☐	☐	☐
Habe ich das Thema erschlossen, genauer bestimmt bzw. eingegrenzt?	☐	☐	☐	☐
Beleuchtet mein Aufsatz das Thema von verschiedenen Seiten?	☐	☐	☐	☐
Habe ich das der Aufgabe entsprechende Darstellungsprinzip gewählt (hier: dialektische Erörterung)?	☐	☐	☐	☐
Habe ich die Materialien angemessen berücksichtigt, ohne deren Informationen wortwörtlich zu verwenden?	☐	☐	☐	☐
Habe ich darüber hinaus weitere Aspekte/Argumente/Beispiele einbezogen?	☐	☐	☐	☐
Habe ich Thesen aufgestellt, die im direkten Zusammenhang mit der Fragestellung stehen?	☐	☐	☐	☐
Habe ich meine Thesen mithilfe von stichhaltigen Argumenten schlüssig begründet, belegt und mit Beispielen untermauert?	☐	☐	☐	☐
Habe ich Schlussfolgerungen gezogen?	☐	☐	☐	☐
Habe ich sachlich und objektiv argumentiert?	☐	☐	☐	☐
Habe ich meine eigene Position deutlich gemacht?	☐	☐	☐	☐

Sprache und Stil				
Habe ich sachlich, objektiv und präzise formuliert?	☐	☐	☐	☐
Habe ich unpersönlich formuliert?	☐	☐	☐	☐
Habe ich umgangssprachliche Wendungen, Füllwörter und Floskeln vermieden?	☐	☐	☐	☐
Habe ich zutreffende und präzise Fachbegriffe verwendet?	☐	☐	☐	☐
Habe ich Begriffe verwendet, die meine Gedanken und Argumente in Bezug zueinander setzen (z. B. geeignete Konjunktionen etc.)?	☐	☐	☐	☐
Habe ich Fremdmeinungen und -wertungen als solche kenntlich gemacht (z. B. durch indirekte Rede)?	☐	☐	☐	☐

Klausuren Deutsch
Übungsaufgabe 12 – Literarische Erörterung

Aufgabe

„Die Menschen sollten wissen, dass sie verführbar sind. [...] Jeder Mensch ist in Gefahr, den Kräften der Situation zu erliegen." (US-Psychologe Philip Zimbardo)

Erörtern Sie anhand von selbstgewählten literarischen Figuren mögliche Gründe dafür, dass Menschen sich verführen lassen. Beziehen Sie dabei Philip Zimbardos Aussage ein.

Hinweise und Tipps

Auch wenn diese Aufgabe ein **Zitat** enthält, so besteht der Arbeitsauftrag jedoch nicht darin, dieses Zitat zu erörtern. Es dient hier vielmehr als eine **Anregung**, die es bei der Erörterung des Themas zu berücksichtigen gilt, das in der Aufgabenstellung präzisiert wird – es geht um Gründe für die **Verführbarkeit des Menschen**. Mit der Aufgabenstellung wird keine klare Pro- und Kontra-Erörterung verlangt, vielmehr legt sie nahe, sich mit dem Thema „Verführung in der Literatur" unter der Fragestellung auseinanderzusetzen, weshalb sich Menschen verführen lassen. Der thematische Schwerpunkt der Aufgabe liegt zwar auf dem Verführungsopfer, eine Berücksichtigung des Verführenden ist aber bei der Darstellung insofern sinnvoll, als dieser meist eine entscheidende Rolle dafür spielt, dass sich der/die andere verführen lässt.
Die Aufgabe lässt Ihnen recht viel **Freiheit:** So können Sie selbst entscheiden, welche literarischen Figuren Sie für Ihre Auseinandersetzung mit dem Thema heranziehen und was für Verführungssituationen Sie thematisieren möchten.
Wichtig ist es, zunächst das **Thema näher** zu **bestimmen** – vor allem indem man den **Zentralbegriff der Verführung** erläutert. Es bietet sich an, den Blick nicht nur auf den konkreten Bereich der erotischen Verführung, sondern auch auf andere Bereiche zu richten. So fällt es Ihnen auch leichter, literarische Beispiele zu finden.
In dem vorliegenden Lösungsvorschlag werden drei literarische Werke berücksichtigt: Theodor Fontanes *Effi Briest*, Friedrich Dürrenmatts *Der Besuch der alten Dame* und Johann Wolfgang von Goethes *Faust*. Es sind aber auch viele andere literarische Werke als Bezugstexte denkbar: Droste-Hülshoffs *Die Judenbuche* (Friedrich Mergel), Hoffmanns *Der Sandmann* (Nathanael), Büchners *Woyzeck* (Marie), Th. Manns *Mario und der Zauberer* (Publikum), Schnitzlers *Traumnovelle* (Fridolin), Kellers *Romeo und Julia auf dem Dorfe* (Sali und Vrenchen) und einige mehr. Um der Anforderung, ein Thema möglichst differenziert zu behandeln, gerecht zu werden, ist es sinnvoll, nicht gleichartige literarische Fälle von Verführung zu wählen.
Bei einer solchen Aufgabe, die es auch nötig macht, dass Sie Inhalte von Werken knapp wiedergeben, ist es wichtig, immer im Blick zu behalten, dass nicht die Inhaltswiedergabe das Ziel der Arbeit ist, sondern die Erörterung.

Lösungsvorschlag

Die **Verführbarkeit** des Menschen ist seit jeher ein **zentrales Thema in der Literatur**. Es hängt mit den grundlegenden Fragen nach Gut und Böse und nach den Möglichkeiten moralischer Integrität zusammen. Schon in der biblischen Geschichte von der Vertreibung aus dem Paradies spielt die Verführung – in Gestalt der Schlange – eine wichtige Rolle und verbindet sich mit dem Thema der **Schuld**.

Einleitung
Bedeutung des Themas Verführbarkeit

Philip Zimbardo, ein Psychologe aus den USA, geht davon aus, dass **jeder Mensch verführbar** ist und dass der Einfluss der **situativen Kräfte** sehr groß ist: „Jeder Mensch ist in Gefahr, den Kräften der Situation zu erliegen." Doch liegen die Gründe für die Verführbarkeit des Menschen nicht viel eher in der verführten Person selbst, in ihrer jeweiligen **charakterlichen Anlage**?

Hauptteil
Rückbezug auf Zimbardos Zitat

Themafrage

Um eine geeignete Grundlage für die Beschäftigung mit dieser Frage zu haben, ist es notwendig, zunächst den Begriff der Verführbarkeit **genauer** zu **bestimmen:**

Transparente Offenlegung des eigenen Vorgehens

„Verführbarkeit" lässt erst einmal an den sexuellen Bereich denken. Diese Festlegung wird der **inhaltlichen Breite** des Begriffs jedoch nicht gerecht, denn Verführung und Verführbarkeit spielen **in vielen Lebensbereichen und -situationen** eine Rolle: So werden beispielsweise in totalitären Systemen häufig die Massen manipuliert und verführt, religiöse Fanatiker und Sekten arbeiten mit Heilsversprechungen oder Gehirnwäsche und auch in nahen sozialen Beziehungen lassen sich Formen von Verführung zu einem bestimmten Verhalten ausmachen – z. B. wenn ein Mensch Verwandte zu einer ihn begünstigenden Falschaussage verleitet.

Grundlage der Erörterung: Bestimmung des Begriffs der Verführbarkeit

Im Lichte der Literatur erscheint der Mensch immer wieder als verführbares Wesen – ob es eher **charakterliche** oder eher **situative Faktoren** sind, die das Gelingen der Verführung begünstigen, und **welcher Art die Gründe** für die Verführbarkeit sind, lässt sich beispielhaft an verschiedenen literarischen Werken untersuchen:

Überleitung zur Literatur und zum erörternden Teil des Aufsatzes

In Theodor Fontanes Roman „Effi Briest" (1894/95) wird die Titelfigur durch den Major von Crampas zu einer **außerehelichen Affäre** verführt. Voraussetzung für diese Verführung ist **Effis spezielle Situation:** Sie lebt in einer Gesellschaft, in der nicht Liebe über die Wahl des Partners entscheidet, sondern in der die Eltern einen entscheidenden Einfluss in dieser Frage ausüben. Effi kommt dem mütterlichen Wunsch entgegen und heiratet den zwanzig Jahre älteren Geert von Innstetten, einen disziplinierten und fantasielosen Landrat aus einer pommerschen Kleinstadt, der sie langweilt. In dieser Beziehung kann keine Vertraulichkeit entstehen. In Kessin widmet sich Innstetten vor allem seiner Arbeit und Karriere. Effis Wunsch nach Zärtlichkeit wird nicht befriedigt, ihr **Lebensdrang** wird **ge-**

Fontane: „Effi Briest"
Die Situation der Verführten

lähmt. Es gibt auch keine Abwechslung, sodass Einsamkeit, Langeweile, das Gefühl des Fremdseins und innere Unruhe zunehmen.

Charakterliche Voraussetzungen

Dass Effi die Situation in solchem Maße als unbefriedigend erlebt, liegt auch an ihrer **charakterlichen Anlage**. Der Erzähler beschreibt sie am Romanbeginn als unbeschwertes, kindlich-verspieltes Mädchen, bei dem sich „Übermut und Grazie" mischen. Bei allem natürlichen Bewegungsdrang verrät aber die Freude am Schaukeln und Klettern auch die Bereitschaft zu Leichtsinn, Risiko und Gefahr. Diese charakterlichen Voraussetzungen machen Effi in ihrer spezifischen Situation **empfänglich** für die Werbungen des Majors.

Der Verführer und seine Verführungsstrategie

Im Gegensatz zum „ältlichen" Innstetten zeigt dieser eine leichtere, sorglosere Lebenseinstellung. Ihn interessiert und befriedigt die Überschreitung der gesellschaftlichen Norm. Crampas bietet Effi, was der steife Innstetten nicht bieten kann: **Zerstreuung**. So verschafft er ihr beispielsweise eine Rolle in einem Theaterstück. Seine Sprache enthält versteckte erotische Anspielungen. Mit Hinweisen auf literarische Werke Heines versucht er auf Effis Gefühlswelt Einfluss auszuüben. So bereitet er die moralische Grenzüberschreitung, die die Affäre bedeutet, vor.

Effis Ehebruch entspringt einem **Fluchtbedürfnis**, **nicht einer Leidenschaft**. Die unbefriedigende Situation als eine für Verführung häufig wichtige Bedingung liegt bei ihr darin, dass sie einsam und isoliert ist und dies nicht zu ihrem Charakter passt. Aus diesem literarischen Beispiel lässt sich daher schlussfolgern, dass dafür, welche Situation als unbefriedigend erlebt wird und so für eine Verführung empfänglich macht, oft die **Persönlichkeit** des jeweiligen Menschen mit von Bedeutung ist. Es ist jedoch entscheidend zu beachten, dass Fontanes **kritischer Blick** vor allem dem **Adel** gilt, der weiterhin die Partnerwahl an die Frage knüpft, ob es sich um eine „gute Partie" handelt – anstatt zwischenmenschliche Gefühle wie die Liebe zur Entscheidungsgrundlage zu machen. Insofern spielen wiederum die **gesellschaftlichen Bedingungen** eine zentrale Rolle dafür, dass Effi in diese für sie schwierige Situation kommt.

Schlussfolgerung

Differenzierung

Dürrenmatt: „Der Besuch der alten Dame"

Die Situation der Verführten

In Friedrich Dürrenmatts Drama „Der Besuch der alten Dame" ist es nicht ein einzelner Mensch, der verführt wird, sondern eine **ganze Kleinstadt**, die sich in einer **finanziell katastrophalen Lage** befindet. Von der Milliardärin Claire Zachanassian, die früher einmal in dem Ort gewohnt hat, erhoffen sich die Güllener Rettung. So wird eine Strategie entwickelt, um der Besucherin viele Millionen zu entlocken. Dabei kommt dem Krämer Alfred Ill, dessen Jugendgeliebte Claire einst war, eine Schlüsselrolle zu.

Die Verführerin, ihre Strategie und die Reaktion der Güllener

Die Milliardärin will jedoch gerade an Ill **Rache** üben, der sie vor fünfundvierzig Jahren verraten und mit einem unehelichen Kind im Stich gelassen hat. Zachanassians Lockmittel ist das Geld und damit die Macht – eine Milliarde für Güllen und seine Bewohner, wenn sie Ill töten. Zunächst lehnt der Bürgermeister das Angebot „im Namen der Menschlichkeit“ entrüstet ab. Bald jedoch beruhigen sich die Bürger und **erliegen** schließlich den **Reizen des Geldes, des Wohlstands und der Bequemlichkeit**. Die Gesinnungsänderung ist aber nur möglich, indem sie Tatsachen verfälschen, Werte umwerten, Ill psychisch demontieren und sich die Vorstellung der alten Dame von Gerechtigkeit aneignen. Mit diesem Trick können sie die Schuld von sich weisen und sie Ill zuschieben. So behaupten sie von sich, dass sie Ill „Nicht des Geldes, / Sondern der Gerechtigkeit wegen“ verurteilen.

Schluss-folgerungen

Von Beginn an wird gezeigt, wie die Güllener sich etwas vormachen und dabei überkommene Werte zur **Befriedigung ihres Egoismus** verbiegen. So empfinden sie auch keine Schuld, weil sie die Moral stets nach ihren Wünschen verdrehen. Die Verführung beruht hier auf der **ökonomischen Notsituation**, der **Gelegenheit**, dieser mit dem Geld der Milliardärin zu entkommen, und eben auf dem **Charakter der Güllener**, die sich in dieser Hinsicht kaum unterscheiden und so als **Kollektivcharakter ohne individuelle Ausprägungen** erscheinen.

Klärender Rückbezug zu Fontanes „Effi Briest“

Anders als Fontane, bei dem der kritische Blick weniger dem Verführungsopfer, sondern eher den gesellschaftlichen Bedingungen gilt, auf die Effis Empfänglichkeit für die Verführung zurückzuführen ist, **kritisiert** Dürrenmatt den **moralischen Verfall** einer Gesellschaft, die sich durch Geld zu einer abscheulichen Tat verführen lässt. Doch wie bei Fontane wirken **Situation und Charakter** der Verführten zusammen.

Schlussfolgerung

Überleitung

Goethe: „Faust“

Während es bei Dürrenmatt mit Alfred Ill ein unmittelbares Opfer der Verführung gibt, bleibt die Verführungssituation in Johann Wolfgang von Goethes „Faust“ auf die Titelfigur bezogen: Faust geht mit Mephisto einen **Teufelspakt** ein, in dem jener die eigene Seele dafür verkauft, dass dieser ihm Erfüllung und Lebensglück verschaffe.

Die Voraus-setzungen für die Verführung

Goethe zeigt uns seine Titelfigur zu Beginn der Dramenhandlung als **desillusionierten Menschen:** Als erfolgreicher Wissenschaftler anerkannt zu sein, genügt ihm nicht – er will in bisher unbekannte Zusammenhänge Einblick gewinnen und verstehen, was die „Welt / Im Innersten zusammenhält“. In diesem Streben an seine **menschlichen Grenzen** stoßend, ist er bereit, seine Seele zu opfern. Mephistos Angebot ist deshalb für Faust so verlockend, weil er diese Grenzen durch ihn überwinden zu können hofft.

Klärender Rückbezug zu Fontanes „Effi Briest“

Schlussfolgerung

Die **Verführbarkeit** Fausts ist dabei weniger als bei Effi und den Güllenern von einer spezifischen, von äußeren Faktoren bestimmten Situation abhängig, sondern vielmehr **in seinem Charakter angelegt:** Sein **Erkenntnisstreben** und sein **Lebenshunger** sind so stark, dass er **zwangsläufig** an seinen menschlichen Grenzen scheitern muss – und in eine Situation kommen muss, in der er für einen Teufelspakt empfänglich wird.

Die beispielhafte Betrachtung der drei literarischen Werke zeigt, dass die Verführbarkeit von Menschen zumeist auf einem **Zusammenspiel von Situation und Charakter** basiert: — Allgemeine Schlussfolgerung

Effi empfindet aufgrund ihrer **charakterlichen Veranlagung die Lebensumstände**, in die sie aufgrund der adeligen Tradition gerät, den Partner nicht den eigenen Gefühlen entsprechend, sondern nach Kalkül zu wählen, als unzureichend. Dies macht sie **empfänglich** für die Verführung durch den Major von Crampas, der ihr die Gelegenheit bietet, diese Veranlagung auszuleben. — Zusammenfassung der Ergebnisse; „Effi Briest"

In Goethes „Faust" ist die situative Komponente weniger dominant, denn Faust erscheint durch seinen im Charakter angelegten **Wissensdurst** dazu prädestiniert, von Mephistopheles verführt zu werden. Seine **„Notsituation"** ist **in seiner Persönlichkeit vorgeprägt**. — „Faust"

In Dürrenmatts „Der Besuch der alten Dame" kommen **situative und charakterliche Bedingungen** zusammen. Die Güllener befinden sich in **finanzieller Bedrängnis**, eine Situation, aus der sie sich mit Claire Zachanassians Geld befreien könnten. Im Unterschied zum Fall Effis ist es hier allerdings nicht die Individualität *einer* Figur, die im Zusammenspiel mit der bedrängenden Situation die Verführung gelingen lässt, sondern der **kollektive Charakter** der Güllener, der auf diese Weise kritisch in den Blick genommen wird: Die **moralischen Grenzen fallen** – wenn auch langsam –, wenn nur die dafür ausgesetzte Belohnung hoch genug ist. — „Der Besuch der alten Dame"

Schlussteil

Die Literatur bestätigt daher die **Vielgestaltigkeit von Verführung** und von deren **Gründen:** erotische Verführung als Abenteuer, mit dem dem öden Alltag entronnen werden kann, finanzielle Verführung zu einem Kapitalverbrechen, das die Rettung vor dem wirtschaftlichen Ruin ermöglicht, Verführung zum „Verkauf" des eigenen Seelenheils für den Einblick in die tiefsten Zusammenhänge der Welt. Sicher sind noch viele weitere Situationen denkbar, bei denen noch **weitere Gründe** ausschlaggebend sein können – so lassen sich beispielsweise Menschen verführen, um eine bessere berufliche Stellung zu bekommen, um soziale Anerkennung zu erfahren oder auch um die eigene Erfahrungswelt zu erweitern (beispielsweise durch Drogen). Dabei sind – so lässt sich jedenfalls aus unserer Betrachtung literarischer Werke schließen – zumeist Situation und Charakter für die Verführbarkeit des Menschen wichtig.

Vor dem Hintergrund der Ergebnisse lässt sich daher Zimbardos Aussage differenzieren: Nicht jeder Mensch läuft Gefahr, den Kräften *einer* bestimmten, für alle gleichen Situation zu erliegen – aber für die meisten Menschen wird es eine individuell für sie verführerische Situation geben, in der sie aufgrund ihrer charakterlichen Anlage schwach werden. — Rückbezug auf Zimbardo

Checkliste

Aspekt	Ja	Teil-weise	Nein	Weiß nicht
AUFBAU				
Habe ich eine aufgabenbezogene Einleitung formuliert?	☐	☐	☐	☐
Habe ich Überleitungen formuliert?	☐	☐	☐	☐
Enthält mein Aufsatz einen Schluss, der einen Bezug zur Themafrage aufweist und den Aufsatz abrundet (Fazit, Rückbezug zur Einleitung, Appell, Ausblick etc.)?	☐	☐	☐	☐
ERÖRTERUNG				
Hat meine Erörterung eine nachvollziehbare und sinnvolle Struktur?	☐	☐	☐	☐
Habe ich das Thema erschlossen und genauer bestimmt (hier: Begriffsverständnis „Verführbarkeit")?	☐	☐	☐	☐
Habe ich literarische Werke ausgewählt, die sich für die Auseinandersetzung mit der Fragestellung eignen und ein differenziertes Bild ergeben?	☐	☐	☐	☐
Habe ich widerspruchsfrei, sachlich und objektiv argumentiert?	☐	☐	☐	☐
Habe ich Schlussfolgerungen aus der Betrachtung der literarischen Werke gezogen?	☐	☐	☐	☐
Habe ich meine eigene Position deutlich gemacht?	☐	☐	☐	☐
Habe ich die in der Aufgabenstellung genannte Aussage mit einbezogen?	☐	☐	☐	☐
SPRACHE UND STIL				
Habe ich sachlich, objektiv und präzise formuliert?	☐	☐	☐	☐
Habe ich umgangssprachliche Wendungen, Füllwörter und Floskeln vermieden?	☐	☐	☐	☐
Habe ich Begriffe verwendet, die meine Gedanken und Argumente in Bezug zueinander setzen (z. B. geeignete Konjunktionen etc.)?	☐	☐	☐	☐

Sicher durch das Abitur!

Effektive Abitur-Vorbereitung für Schülerinnen und Schüler:
Klare Fakten, systematische Methoden, prägnante Beispiele sowie Übungsaufgaben auf Abiturniveau mit erklärenden Lösungen zur Selbstkontrolle.

Deutsch

Dramen analysieren und interpretieren .... Best.-Nr. 944092
Erörtern und Sachtexte analysieren .... Best.-Nr. 944094
Gedichte analysieren und interpretieren .... Best.-Nr. 944091
Epische Texte analysieren und interpretieren .. Best.-Nr. 944093
Abitur-Wissen
Erörtern und Sachtexte analysieren .... Best.-Nr. 944064
Abitur-Wissen
Textinterpretation Lyrik · Drama · Epik .... Best.-Nr. 944061
Abitur-Wissen Deutsche Literaturgeschichte .... Best.-Nr. 94405
Abitur-Wissen Prüfungswissen Oberstufe .... Best.-Nr. 94400
Kompakt-Wissen Rechtschreibung .... Best.-Nr. 944065
Kompakt-Wissen Literaturgeschichte.............. Best.-Nr. 944066
Grundwissen
Epochen der deutschen Literatur im Überblick.. Best.-Nr. 104401
Klausuren Deutsch Oberstufe.......................... Best.-Nr. 104011

Englisch

Übersetzung .... Best.-Nr. 82454
Grammatikübungen .... Best.-Nr. 82452
Themenwortschatz .... Best.-Nr. 82451
Grundlagen, Arbeitstechniken, Methoden
mit Audio-CD .... Best.-Nr. 944601
Sprachmittlung .... Best.-Nr. 94469
Sprechfertigkeit mit Audio-CD .... Best.-Nr. 94467
Klausuren Englisch Oberstufe .... Best.-Nr. 905113
Abitur-Wissen Landeskunde Großbritannien ... Best.-Nr. 94461
Abitur-Wissen Landeskunde USA .... Best.-Nr. 94463
Abitur-Wissen Englische Literaturgeschichte .... Best.-Nr. 94465
Kompakt-Wissen Abitur Themenwortschatz ..... Best.-Nr. 90462
Kompakt-Wissen Abitur Landeskunde/Literatur Best.-Nr. 90463
Kompakt-Wissen Kurzgrammatik .... Best.-Nr. 90461
Kompakt-Wissen Grundwortschatz .... Best.-Nr. 90464

Französisch

Sprachmittlung · Übersetzung .... Best.-Nr. 94512
Themenwortschatz .... Best.-Nr. 94503
Textarbeit Oberstufe .... Best.-Nr. 94504
Klausuren Französisch Oberstufe mit MP3-CD .. Best.-Nr. 105011
Abitur-Wissen Französische Literaturgeschichte Best.-Nr. 94506
Kompakt-Wissen Abitur Wortschatz Oberstufe . Best.-Nr. 945010
Kompakt-Wissen Abitur Kurzgrammatik .... Best.-Nr. 945011

Latein

Abitur-Wissen Lateinische Literaturgeschichte .. Best.-Nr. 94602
Abitur-Wissen Römische Philosophie .... Best.-Nr. 94604
Abitur-Wissen Prüfungswissen Latinum .... Best.-Nr. 94608
Klausuren Latein Oberstufe .... Best.-Nr. 106011
Kompakt-Wissen Abitur Latein
Basisautoren Oberstufe.................................. Best.-Nr. 946010
Kompakt-Wissen Abitur Latein
Sachwissen zum Lateinunterricht .... Best.-Nr. 946012
Kompakt-Wissen Latein Kurzgrammatik .... Best.-Nr. 906011

Spanisch

Kompakt-Wissen Wortschatz Oberstufe .... Best.-Nr. 945401

Erdkunde/Geographie

Geographie Oberstufe .... Best.-Nr. 949098
Geographie 1 – Bayern .... Best.-Nr. 94911
Geographie 2 – Bayern .... Best.-Nr. 94912
Geographie – Baden-Württemberg .... Best.-Nr. 84905
Geographie – NRW Grundkurs · Leistungskurs. Best.-Nr. 54902
Abitur-Wissen Entwicklungsländer .... Best.-Nr. 94902
Abitur-Wissen Europa .... Best.-Nr. 94905
Abitur-Wissen Der asiatisch-pazifische Raum ... Best.-Nr. 94906
Abitur-Wissen GUS-Staaten/Russland .... Best.-Nr. 94908
Kompakt-Wissen Abitur Erdkunde
Allgemeine Geografie · Regionale Geografie ... Best.-Nr. 949010
Kompakt-Wissen Abitur – Bayern
Geographie Q11/Q12 .... Best.-Nr. 9490108
Lexikon Erdkunde .... Best.-Nr. 94904

Politik

Abitur-Wissen Demokratie .... Best.-Nr. 94803
Abitur-Wissen Sozialpolitik .... Best.-Nr. 94804
Abitur-Wissen Die Europäische Einigung .... Best.-Nr. 94805
Abitur-Wissen Politische Theorie .... Best.-Nr. 94806
Abitur-Wissen Internationale Beziehungen ...... Best.-Nr. 94807
Kompakt-Wissen Abitur Grundlagen der nationalen
und internationalen Politik .... Best.-Nr. 948001
Kompakt-Wissen Abitur Grundbegriffe Politik . Best.-Nr. 948002

(Bitte blättern Sie um)